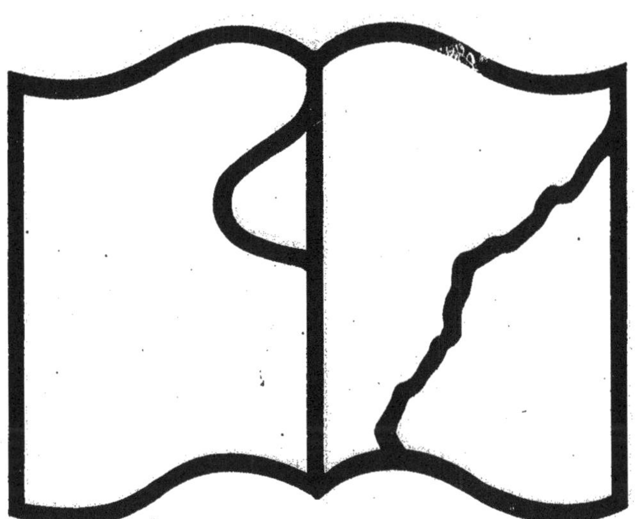

Texte détérioré — reliure défectueuse

**NF Z 43**-120-11

**Symbole applicable
pour tout, ou partie
des documents microfilmés**

# L'ÉCOLE

# St-THOMAS D'AQUIN

## à OULLINS

## De 1833-36 à 1886

PAR

UN ANCIEN ÉLÈVE

LYON

LIBRAIRIE ET IMPRIMERIE VITTE & PERRUSSEL,

3 & 5, Place Bellecour, 3 & 5

1875

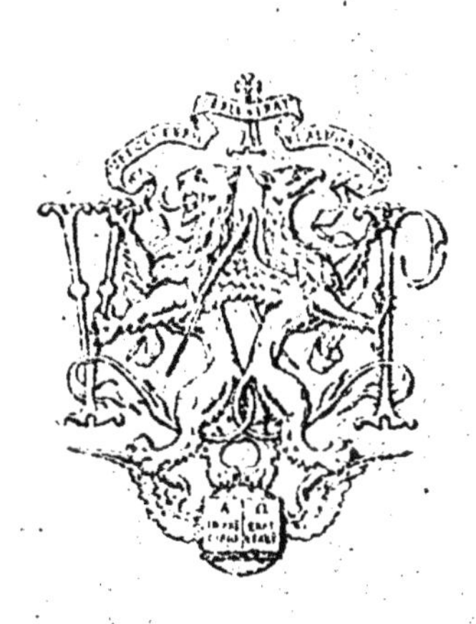

# L'ÉCOLE

# SAINT-THOMAS D'AQUIN

Lyon. — Imp. VITTE ET PERRUSSEL, rue Sala, 58.

ÉCOLE SAINT-THOMAS D'AQUIN

à Oullins.

# L'ÉCOLE

# St-THOMAS D'AQUIN

## A OULLINS

### De 1833-36 à 1886

PAR

UN ANCIEN ÉLÈVE

*LYON*

**LIBRAIRIE ET IMPRIMERIE VITTE & PERRUSSEL**

3 & 5, Place Bellecour, 3 & 5

1886

# AVANT-PROPOS

Il y a cinquante ans de cela... « *Deux jeunes prêtres se promenaient ensemble, à pas lents, sur le chemin qui mène d'Oullins au vieux château du Perron. Ils suivaient tranquillement le fil d'une causerie intime, le fil d'un beau rêve de foi et de science, comme on en fait volontiers à cet âge et avec ce caractère. Or l'un deux se prit à dire tristement : Jamais nous ne viendrons à bout de bâtir le collège que nous rêvons. Ils pas-*

saient à cette heure devant la large grille du château d'Oullins. Cette belle et seigneuriale demeure étalait à leurs regards son escalier presque monumental, ses terrasses hautes et spacieuses, sa bordure d'orangers et de lauriers-roses, sa façade d'une tranquille majesté, ses salles d'ombrage, et derrière tout cela ce bois en amphithéâtre qui se laissait deviner, ce joli bois aux allées symétriques qui rappelle Saint-Cloud, et d'où s'exhalent, au printemps, tant de parfums et de si doux chants de rossignols. C'était gracieux et solennel. Celui des deux promeneurs qui venait d'entendre l'exclamation un peu découragée de son ami, lui saisit alors le bras, et lui montra cette belle villa toute brillante de soleil, de verdure et de fleurs: A quoi bon, dit-il, songer à bâtir un collège? En voici un qui est tout fait, et n'est-il pas magnifique?

« Cette idée ne parut d'abord qu'une hypothèse tombée des nuages, puis un projet charmant mais téméraire; peu à peu elle prit position dans les raisonnements et les calculs, et finit par se montrer comme une réalité possible. On y songea donc sérieusement, on pria Dien en vue de qui l'on agissait, et, un an plus tard, les directeurs d'une institution naissante, avec toute une famille d'élèves, bruyante et enchantée, s'installaient au château d'Oullins. Ce fut pour tous un étonnement et une fête, et celui qui écrit ces lignes prit part aussi, une part intime et principale, à la joie commune ; car c'était précisément l'un des deux promeneurs qui avaient fait ce rêve, devenu si vite une merveilleuse réalité. (1) »

Ainsi est rapportée par M. Dauphin, notre regretté maître, la prise de possession dont nous solennisons l'anniversaire. Quelques années seulement ont manqué à cette vie pleine de mérites et d'honneur, pour que le fondateur d'Oullins ait pu présider lui-même son glo-

---

(1) Notice sur le château d'Oullins, publiée par M. Dauphin dans la *Revue du Lyonnais* et reproduite dans le volume : *l'Education.*

rieux jubilé. Sans doute Dieu, maître des sciences, — qu'il avait servi dans sa jennesse par l'éducation des enfants, et dont sa voix toujours émouvante n'a cessé jusqu'en ses derniers jours d'annoncer les grandeurs et les miséricordes, — Dieu aura voulu hâter, en le privant d'une joie de la terre, la récompense céleste de son fidèle ministre.

Dix ans auparavant, la mort triomphante du martyre avait couronné la carrière si rapidement écoulée du plus saint et du plus illustre des enfants d'Oullins, devenu le continuateur de son maître.

Nous montrerons plus loin, en retraçant leur action respective, quels liens intimes, quelle filiation directe de l'esprit et du cœur relient étroitement le Père Captier à Mgr Dauphin, malgré la diversité des circonstances où s'est exercé leur zèle et des dons qu'ils avaient reçus. Unies dans leur mission et leur dévouement pour Oullins, ces deux figures, aujourd'hui radieuses d'immortalité, ont droit à la même place dans nos gratitudes, aux mêmes hommages dans nos fastes scolaires. Il convenait donc, en tête de ces pages consacrées à nos annales, d'évoquer leur mémoire bénie en qui se résume une part si grande du passé de notre chère Ecole, et d'enlacer leurs deux noms au frontispice du premier cinquantenaire d'Oullins !

# CHAPITRE PREMIER

*Convenances du site, du milieu et de l'époque où s'est fondé Oullins.
— Enfance et jeunesse de M. Dauphin. — Ses projets pendant
son séjour au séminaire. — Son préceptorat dans la famille
Delphin. — Les premiers commencements du Collège à la maison
Flageolet. — Le Perron.*

Toute œuvre inspirée par Dieu doit avoir
sa première préparation dans l'intelligence
humaine qui en a reçu le précieux dépôt. Il
faut de plus qu'elle rencontre un milieu et
des circonstances favorables à son exécution.
Dans l'établissement d'Oullins ces trois conditions se présentent harmonieusement coor-
données. Nous parlerons d'abord des deux

dernières, le lieu et le temps, afin de ne pas interrompre ensuite le récit de la fondation du collège et de son développement.

Tous ceux dont l'enfance s'est abritée sous les ombrages d'Oullins, ne fût-ce que pendant quelques mois, ont gardé l'ineffaçable impression de ce site charmant et de ces horizons enchanteurs. Après vingt ans, après trente ans d'absence, ils retrouvent vivant et et lumineux dans leurs souvenirs ce tableau si heureusement esquissé par M. Dauphin dans la notice citée précédemment :

« Le château d'Oullins (1) s'élève à une lieue de Lyon sur une colline d'où la vue embrasse un des plus riches et des plus beaux horizons connus. Au nord et derrière la longue avenue de Perrache, Lyon se laisse voir dans la brume, avec son dôme de l'Hôtel-Dieu et sa belle Cathédrale, avec son vieux pont de la Guillotière et ses faubourgs qui débordent dans la plaine, avec sa pittoresque montagne

---

(1) Au dire d'anciennes chroniques, Oullins tirerait son origine et son nom d'une fabrique de poteries *(Olla)*, établie autrefois sur son territoire.

de Fourvière et cet amphithéâtre de la Croix-
Rousse, où les maisons s'entassent en gra-
dins. Au levant et au sud, l'œil se repose
d'abord sur un premier plan boisé, parsemé
de jardins et de maisons de campagne ; puis
viennent les forêts de saules, le long des-
quelles court la ligne droite du chemin de
fer, puis la large bande du Rhône qui coupe
l'espace sur une longueur de trois ou quatre
lieues ; par delà s'étendent les plaines et les
collines du Dauphiné ; et tout cet horizon
grandiose est terminé par un magnifique en-
cadrement de montagnes, qui se développent
depuis le Bugey jusqu'au mont Ventoux, en
passant par les cimes étincelantes du Vélan,
du Mont-Blanc, de Belledone et du Pelvoux,
géants des Alpes, qui ont l'air de contempler,
de leur immobilité éternelle, la face si agitée
du beau pays de France..... Montez ensuite
par la grande allée du bois jusqu'à une sorte
de belvédère où se dressait autrefois un pa-
villon rustique, vos regards rencontrent du
côté du couchant la jolie vallée de Beaunant,
les riches côteaux de Sainte-Foy et les agrestes
campagnes de Chaponost. Au sommet d'un

premier plan de collines, à gauche, de vieux aqueducs romains se découpent en vives silhouettes sur l'azur du ciel, et tout au fond, un peu à droite, des montagnes bleues, d'un dessin charmant, terminent vaguement l'horizon. »

Le château d'Oullins, souvent désigné sous le nom de l'Archevêché, n'a pourtant jamais appartenu à l'Eglise, mais il fut la propriété personnelle de deux archevêques de Lyon, le cardinal de Tencin qui le fit élever, et Mgr Malvin de Montazet à qui il dut ses plus grandes splendeurs. La tradition attribue au célèbre Le Nôtre le dessin du parc. On y retrouve en effet, en proportions restreintes, certaines dispositions de Versailles et de St-Cloud. Un prodigieux travail hydraulique, détruit plus tard par le vandalisme d'un acquéreur de la bande noire, avait été exécuté sous la direction du curé de Neuville.

Les eaux descendaient en abondance des hauteurs de Saint-Genis-Laval, traversaient le vallon du Revoyet, remontaient la colline de Montmain, et, introduites par un souterrain, se répandaient dans le parc en des bassins plus ou moins vastes et ornés.

Si précieux que soit, pour une maison d'éducation, l'avantage d'un libre espace et d'un admirable panorama, la convenance du choix d'Oullins apparaît mieux encore dans le voisinage de la grande cité lyonnaise. Centre de traditions religieuses et de relations commerciales, foyer d'activité pratique et d'études désintéressées, alliant la gravité des mœurs à l'enthousiasme des aspirations, cette Rome des Gaules, à la fois prudente et passionnée comme son ancêtre, a toujours été largement ouverte aux initiatives de la science et du dévouement. Le clergé lyonnais, renommé par son zèle paroissial, fournit aussi un grand nombre d'ardentes recrues à l'apostolat des missions lointaines et de l'éducation chrétienne. Il serait superflu de rappeler ici les œuvres si connues enfantées par la générosité de cette catholique population ; mais il est à propos de constater que Lyon, entre toutes les villes françaises, a vu se multiplier exceptionnellement les maisons d'éducation de tous degrés.

Avant même que les chemins de fer eussent abrégé les distances, ses institutions avaient le privilège d'attirer la jeunesse scolaire d'un rayon assez étendu. La Provence et le Dauphiné, la Savoie et la Bourgogne ont depuis longtemps recherché pour leurs enfants l'enseignement solide, la formation sérieuse et polie des pensionnats lyonnais.

Dans cette réunion d'élèves de provenances variées, chaque élément apporte sa note particulière, et complète le concours des influences de la vie de collège par cet agent qui n'y est pas le moins important, le condisciple.

Ce fut aussi une époque remarquable dans l'histoire des conquêtes de l'enseignement, que celle où commença notre collège d'Oullins. Les promesses de liberté de la charte de 1830 devaient attendre vingt ans leur réalisation. La tentative de l'Ecole libre et le retentissement du procès devant la cour des Pairs avaient été impuissants à entamer l'arbitraire interprétation du monopole universitaire. Les institutions qui n'appartenaient ni aux académies ni aux diocèses, ne pouvaient s'établir qu'en vertu d'une autorisation préalable, accordée ou refusée selon les hasards de la faveur et des protections, et à laquelle aucun titre ni aucun grade ne donnaient un droit certain. Il fallait une autre autorisation, plus difficile encore et plus rare, pour avoir le droit de faire suivre les cours de rhétorique et de philosophie et de présenter aux examens du baccalauréat (1).

Aussi, en dehors des séminaires et des lycées, un très petit nombre d'établissements avaient-ils les cours complets de l'enseignement classique. Protégé par d'efficaces sympathies, Oullins devait être un des derniers à profiter du privilège. Les efforts de ses fondateurs et les tendances de son éducation ne furent pas sans utilité pour préparer la transition de ce régime à celui de la loi du 15 mars 1850 (2).

Si on a pu dire que la liberté se prend plutôt qu'elle ne se donne, il est plus vrai encore qu'elle doit être exercée et démontrée dans la

(1) C'est ce qu'on appelait le droit de *plein exercice*. L'état, en outre de cette servitude, exigeait des chefs d'institution une rétribution fixe par tête d'élève.

(2) M. Dauphin, à l'époque des luttes pour la liberté de l'enseignement secondaire, publia dans la presse lyonnaise plusieurs articles qui furent alors très remarqués.

pratique avant de s'affirmer dans la loi. C'est en cela surtout qu'Oullins peut revendiquer sa part modeste dans le soutien de cette noble cause, la plus chère et la plus légitime préoccupation des chrétiens de notre temps.

L'homme que la Providence destinait à être le principal ouvrier de cette entreprise, y avait été préparé, lui aussi, par cet attrait d'instinct, prélude ordinaire de la vocation.

« J'y rêvais, a-t-il écrit dans son journal intime. Souvent, dans mes moments de loisir, quand je donnais libre cours à mon imagination, je bâtissais des collèges en Espagne, comme d'autres y bâtissent des châteaux..... Si je voyais une belle maison, un site agréable, ou un lieu qui me fût cher, j'y faisais un collège. Je ne sais pas où je n'ai pas édifié quelqu'un de ces collèges imaginaires dont je continuais le plan durant des journées entières, dont je traçais même le dessin sur le papier. » Lorsque le château d'Oullins apparut à M. Dauphin comme l'incarnation réalisée de ses plans les plus ambitieux, il avait déjà commencé à exécuter son projet sur une base plus modeste.

Mais, avant de raconter ce début, il est temps de présenter la personne du fondateur dont nous n'avons fait que saluer la mémoire.

Né en 1806 (1), à Crozet, petit village sur les confins de la Loire et de l'Allier, de parents profondément chrétiens, dont la foi et les vertus s'étaient fortifiées et affirmées en traversant la tourmente révolutionnaire, Etienne Dauphin montra, dès l'âge le plus tendre, une remarquable délicatesse de sentiments. Plein de générosité, ayant en horreur tout ce qui est vil et bas, aimant ce qui ennoblit notre pauvre nature, affectueux et reconnaissant, il couvrait sa mère de caresses, justifiant ainsi, nous dit son biographe, la prédilection qu'elle montrait pour lui. C'est elle qui jeta dans son âme les germes de cette piété douce et aimable qui devait être plus tard le principal caractère de son apostolat.

(1) Les détails biographiques sont tirés de *la Vie de Mgr Dauphin,* publiée récemment par M. E. Beluze, qui nous a généreusement autorisé à puiser dans cet ouvrage les renseignements utiles à notre travail. Nous lui en renouvelons ici nos remerciements, et nous exprimons le désir que ce livre, déjà connu de tous nos anciens camarades, le soit aussi des plus jeunes.

Dès l'âge de quatre ans, Etienne commença à fréquenter l'école, et quelques années plus tard il comptait parmi les meilleurs élèves. D'un autre côté, le curé de Crozet l'avait admis au nombre de ses enfants de chœur; et, comme il ne tarda pas à voir se développer en lui la piété la plus tendre et la nature morale la plus droite, il pressentit que cet enfant deviendrait quelque jour un des élus du sanctuaire.

M^{me} Dauphin devait retourner à Dieu avant d'avoir vu se réaliser les secrètes espérances que lui faisait concevoir l'avenir de ce fils bien-aimé, et sans avoir la consolation de sa présence à son lit de mort. Pendant les vacances qui précédèrent cette douloureuse séparation, elle avait voulu, poussée par de mystérieux pressentiments, faire ses recommandations suprêmes au jeune séminariste. L'engageant à persévérer dans ses généreuses résolutions, lui remettant, pour ainsi dire, ses frères et ses sœurs entre les bras, elle lui fit promettre d'en être toujours le père et le soutien.

Au mois d'octobre 1815, Etienne Dauphin était entré au petit séminaire de Verrières,

Placé dans une classe d'abord trop forte pour
lui, il travailla avec tant d'application, qu'à la
fin de l'année il tenait parmi ses condisciples
l'un des premiers rangs. Après la rhétorique,
il alla suivre le cours de philosophie à Alix,
et fut admis au grand séminaire de Lyon
en 1826.

C'est à cette époque que l'abbé Dauphin
sentit s'éveiller en lui, comme on l'a dit plus
haut, les premiers instincts de sa mission
d'éducateur.

Parfois aussi, il se laissait aller à entretenir
de ses aspirations de jeunes confrères, dont
quelques-uns devaient être ses premiers collaborateurs. Le plus intime de ses confidents
était l'abbé Chaine, le compagnon et l'interlo-
cuteur de sa première entrevue avec Oullins.

Mais, à cette époque, le jeune lévite était
loin d'imaginer par quelle voie la Providence
devait le conduire à l'accomplissement de ses
projets. Elle intervint alors, comme souvent,
par un incident vulgaire autant qu'imprévu.

L'abbé Dauphin venait de recevoir le dia-
conat et se préparait au sacerdoce, lorsque
des obligations de famille, confirmées par le

conseil de ses supérieurs, l'engagèrent à interrompre, pour un temps, ses études ecclésiastiques, et à accepter les fonctions de précepteur dans une honorable famille d'Ambierle, petit village voisin de Crozet.

Il ne dut y rester que quelque mois, car à la fin de cette même année, 1829, nous le trouvons chargé de l'éducation des deux fils de M. Delphin. C'est dans cette maison, pour lui doublement hospitalière, qu'il passa les trois années qui nous séparent de la fondation de son collège (1).

Le caractère généreux et l'âme ardente du jeune précepteur furent vite appréciés, et ne tardèrent pas à lui gagner complètement l'af-

_____

(1) La famille Delphin était l'une des plus considérées de Lyon. C'était un de ces foyers aux traditions patriarcales et chrétiennes. M. Delphin, le père des deux jeunes élèves, Adolphe et Edmond, avait débuté dans la vie publique en se battant avec courage au siège de Lyon. Vers l'an 1800, il se rendit chez son oncle, M. Récamier, banquier à Paris, et mari de la célèbre Mme Récamier. Mêlé dans les salons de son oncle à la société la plus distinguée de l'époque, il avait vu défiler devant lui toutes les célébrités contemporaines, et en avait rapporté le goût raffiné des bonnes manières et l'horreur de la trivialité. A son retour de Paris, en 1816, il se maria, et fut ensuite appelé à exercer différentes charges publiques, comme adjoint, conseiller général, député et administrateur des hospices.

fection de ses deux élèves. D'autre part, il retirait lui-même de ses entretiens avec leur père, et avec la mère de celui-ci, une précieuse initiation aux manières de la bonne compagnie.

Les secrets desseins qu'il entretenait depuis le séminaire, reçurent dans ce milieu une dernière confirmation. M^{me} Delphin douairière, femme du plus haut mérite, avait pénétré les aptitudes exceptionnelles du futur supérieur d'Oullins, et ne cessait de lui répéter : « Si vous voulez m'en croire, mon cher abbé, vous n'avez rien de mieux à faire que de fonder un collège. Le bon Dieu vous veut là. »

Ainsi encouragé, M. Dauphin, ordonné prêtre à la Trinité de l'année 1833, commença, aussitôt après, les démarches pour l'exécution de son projet. Son premier soin fut de se chercher des collaborateurs ; et tout d'abord il s'adressa à son ami, M. l'abbé Chaine, lui rappelant leurs communs désirs de travailler à régénérer la société par l'éducation, et l'invitant à se joindre à lui pour les réaliser. En même temps, il le chargeait de transmettre des propositions du même genre à quelques ecclésiastiques sur le concours desquels il croyait pouvoir compter.

Il fallut ensuite, à défaut du collège idéal qu'on n'avait pas encore découvert, trouver un abri convenable. Guidés dans leurs recherches par M. Delphin, qui mettait à leur disposition l'appui de ses relations et de son influence, l'abbé Dauphin et ses collègues louèrent le château du Perron, propriété des hospices de Lyon, inoccupé à cette époque. Mais, en attendant l'achèvement des réparations nécessaires pour approprier ce local à sa destination, la petite colonie se logea provisoirement dans une habitation voisine, appelée la Maison Flageolet, du nom de son propriétaire. Le bâtiment, contemporain du château du Perron, est à un seul étage desservi par une galerie tournée au levant. Comme on ne devait y passer que quelques mois, l'installation fut tout à fait sommaire. Une grande salle, au rez-de-chaussée, servait à la fois de salle de récréation, de réfectoire, et de salon pour recevoir les parents. Deux pièces au premier, affectées au dortoir, étaient peintes à fresque, et on lisait, dans les cartouches, des devises et des maximes plus ou moins philosophiques. L'orangerie, attenante à la maison, qui avait été autrefois une chapelle, reprit, après quelques réparations, sa destination première. On avait aussi la jouissance d'une grande terrasse qui servait aux jeux.

La rentrée se fit le 4 novembre 1833, avec douze élèves (1).

Les maîtres, dont les noms nous ont été conservés, étaient au nombre de cinq : M. Lassalle, directeur et chef d'institution, professeur de grec et de mathématiques ; M. Dauphin, directeur, enseignait la littérature et l'instruction

(1) Voici leurs noms (excepté un qui n'a pu être retrouvé): Adolphe Delphin, Edmond Delphin, Clair-Anne Achard-Jamme, Nerbollier, Joseph Faivre (mort), Charles Faivre, Languinier (mort), Levrat (mort), Jules Bizot, Gilibert, Gigodot.

Rien ne manquait à l'entrain de ces premiers élèves, qui avaient déjà fondé parmi eux une revue littéraire: *les Voix de la solitude*, paraissant tous les quinze jours, dédiée au Supérieur lui-même, et par conséquent animée du meilleur esprit. (Voir le prospectus de cet essai littéraire, dans la *Vie de Mgr Dauphin*, p. 57.)

religieuse ; M. Lacuria était chargé de la musique et de la surveillance de la grande division ; M. Chaine donnait les leçons d'histoire naturelle et de français à la petite division ; M. Gandy était professeur d'histoire et de latin.

Après les vacances de Pâques 1834, on se transporta au Perron.

Située sur la commune d'Oullins, cette demeure seigneuriale, possédée successivement par diverses familles de la noblesse française et florentine, garde le souvenir historique de plusieurs visites royales. François I$^{er}$ y logea en 1515. Charles IX, accompagné de la reine-mère, du duc d'Anjou, du prince de Navarre, y fut reçu par Albine d'Elbène, dont la femme Lucrèce Cavalcanti avait acheté ce château d'Antoine de Gondi. Les armes de ce dernier se voient encore sur le manteau d'une cheminée qui remonte à l'époque de la Renaissance. Enfin, Henri IV logea au château du Perron en 1600, lors de son mariage avec Marie de Médicis. Après avoir subi différentes mutations, le Perron fut acquis en 1761 par l'administration de l'aumône générale de Lyon (1).

Le bâtiment, placé à l'angle obtus d'un coteau peu élevé, qui prend naissance au village même d'Oullins et se termine en cet endroit, est dans l'exposition la plus heureuse. Il affecte une forme demi-circulaire, ce qui donne à la façade principale un plus grand développement ; et cette irrégularité, causée par le mouvement du terrain, lui procure les points de vue les plus variés et les plus agréables dont on puisse jouir. Il est entouré d'un vaste clos renfermant des promenades magnifiques, des jardins, des terres, des vignes et un bois. Des appartements spacieux et bien aérés concouraient à faire de ce local une résidence conforme à sa nouvelle destination.

Malgré ces avantages et ces souvenirs, le séjour au Perron ne devait être définitif ni même de longue durée, car on ne pouvait

(1) Extrait de *La France par cantons et par communes* de Théodore Ogier. Le château du Perron est devenu, de nos jours, un asile de vieillards, succursale de l'hospice de la Charité de Lyon.

espérer en devenir propriétaire. Aussi, dès que la possibilité de l'achat du château d'Oullins eut été *entrevue* par M. Dauphin et ses collègues, ils l'accueillirent avec empressement; et l'exécution de ce projet activement poursuivie, aboutit heureusement, comme nous l'avons vu, un an après son éclosion, malgré les difficultés de plus d'une sorte qu'il fallut surmonter.

Pourtant le départ du château du Perron, où l'œuvre qu'ils aimaient avait pris son oririgine et ses premiers commencements, ne s'accomplit pas sans tristesse de la part des nouveaux possesseurs d'Oullins. « Comment, écrivait l'abbé Dauphin, ne pas regretter un peu la solitude de ce vieux et cher manoir, et ces souvenirs du commencement qui ont tant de charmes, et cette cour pavée de dalles où l'on peut méditer comme en un cloître, et ce petit réduit gothique, tout orné d'emblèmes et de devises, où l'on a si souvent étudié et prié ? Pauvre vieux château du Perron ! pendant trois ans la cloche du pensionnat avait rendu du mouvement à sa solitude et du bruit à son silence ; il avait retrouvé sur ses vieux jours des voix fraîches d'enfants, des jeux, des études, de la vie enfin, une vie animée, bruyante, pleine de sève et d'avenir. Puis tout à coup nous l'avons laissé seul, et il a repris comme auparavant sa physionomie rêveuse et mélancolique... Pauvre vieux château du Perron! Je lui devais ces quelques mots de regrets et de souvenirs, avant de parler du brillant rival qui l'a supplanté. »

# CHAPITRE II

Les bâtiments d'habitation du château d'Oullins, disposés pour une residence d'été, dans le goût un peu étroit du xviiie siècle, étaient insuffisants pour loger les différents services d'un pensionnat. Il fallut, en vue surtout du développement qu'on espérait donner à l'institution naissante, agrandir le principal corps de logis, en y ajoutant, au

nord et au sud, deux ailes spacieuses, qui donnèrent au rez-de-chaussée l'emplacement de
la grande salle d'étude et des réfectoires,
tandis que les étages supérieurs furent consacrés aux dortoirs. Des modifications ingé-
nieuses firent communiquer ces construc-
tions nouvelles avec les appartements anciens,
où furent distribués les locaux destinés aux
élèves et les logements des maîtres. L'ora-
toire privé des archevêques, à l'intérieur, fut
conservé pour l'usage des ecclésiastiques;
mais on construisit, pour célébrer les offices
devant les élèves, une chapelle plus grande,
bien que très modeste, à l'extrémité de la terrasse qui confine au jardin potager (1).

Tout étant prêt, le 20 octobre 1836, la pre-

(1) L'emplacement de cette première chapelle était le
même que celui du gracieux sanctuaire, élevé depuis par
la piété d'un de nos anciens condisciples et si magnifique-
ment orné par son religieux talent. L'ancienne chapelle
était en pisé. L'intérieur avait reçu une décoration en gri-
saille, d'assez bon style, représentant des motifs d'architecture romane, et des emblèmes bibliques, entremêlés de
sentences. Une heureuse prévoyance avait fait placer dans
l'abside du chœur des inscriptions très visibles, qui rap-
pelaient aux mémoires défaillantes des confirmands la suite
des sept dons du Saint-Esprit.

mière rentrée se fit à Oullins avec plus de cent élèves.

Recommandé par son heureuse situation, par la renommée d'écrivain et d'orateur que commençait déjà à conquérir M. Dauphin, par le talent et le zèle de ses collaborateurs, non moins que par les soins particuliers donnés aux élèves, Oullins fut vite en faveur auprès des familles bien posées de Lyon et des alentours. Une autre source de recrutement se fit jour en Provence. Aix en fut le premier centre. Le jeune Victor de Laprade, qui y faisait alors ses études de droit, et que ses premiers essais poétiques avaient déjà signalé aux amis des lettres, connaissait M. Dauphin qu'il avait rencontré à Lyon, et se fit dès lors le zélateur du nouveau collège. C'est ainsi que le futur chantre de *Psyché* et de *Pernette* s'acquit les premiers titres aux hommages reconnaissants dont l'école Saint-Thomas d'Aquin a entouré les derniers jours de sa maladie et ses funérailles. Marseille fut bientôt entraînée par l'exemple de sa voisine; et le courant, une fois établi, s'est maintenu fidèle jusqu'à nos jours, dans la clientèle d'Oullins.

Cette prospérité fut un instant menacée de ruine par un évènement que nous mentionnerons ici, pour clore le récit des épreuves de la fondation.

L'un des directeurs, M. Lassalle, qui était vis-à-vis de l'Université le chef d'institution, était aussi l'acquéreur en titre du château d'Oullins, dont son patrimoine avait soldé les frais. Sa situation dans le conseil des directeurs était donc, sinon prépondérante, du moins considérable. Or, il arriva que, deux ans après la nouvelle installation, de graves dissentiments, amenés par certaines divergences d'idées en matière d'éducation, éclatèrent entre cet honorable ecclésiastique et la majorité de ses collègues. Ces dissentiments se traduisirent bientôt par une rupture qui mit le collège à deux doigts de sa perte. M. l'abbé Lassalle déclara en effet que, s'il n'était pas remboursé dans un délai déterminé des sommes avancées par lui, il conserverait l'établissement, et le dirigerait seul à ses risques et périls (1).

(1) Nous transcrivons, d'après M. Beluze, le récit de ce fâcheux incident, dont nous ne connaissons pas autrement

M. Daùphin avait de son côté, nous l'avons dit, la plus grande partie des maîtres, qui reconnaissaient en lui le premier inspirateur de la pensée commune et désiraient rester sous sa direction. Les familles du plus grand nombre des élèves lui étaient très attachées : et ces derniers, reflétant l'opinion de leurs maîtres et de leurs parents, non moins qu'entraînés par leur propre inclination, prenaient aussi fait et cause, en forte majorité, pour celui qui avait déjà su gagner leurs sympathies.

Mais il fallait avant tout, sans parler des autres embarras que soulevait cet incident, désintéresser M. Lassalle. Les premières démarches pour emprunter les fonds nécessaires avaient échoué, et le terme fatal arrivait, lorsque au dernier moment la divine Providence, qui aimait Oullins, lui suscita un sauveur. Son nom mérite d'être conservé dans la mémoire de tous nos camarades. C'était le

les causes. Nous savons, comme lui, qu'elles ne touchaient en rien à l'intégrité du caractère et aux mérites des dissidents. — M. Lassalle fonda à Saint-Alban, près de Lyon, une institution qui disparut après une vingtaine d'années.

père de l'un d'entre eux. M. Labbé, juge de paix d'un petit canton du Dauphiné, sans être très riche, possédait une large aisance, et son cœur était au-dessus de sa fortune. Un jour qu'il était venu voir son fils, il reçut de M. Dauphin la confidence de son embarras, que celui-ci faisait bien plutôt pour soulager ses peines que dans l'espoir de trouver l'appui financier dont il avait besoin. Tout d'un coup M. Labbe interrompt l'entretien, prend la main de M. Dauphin et la serrant fortement : « Rassurez-vous, cher Monsieur, lui dit-il, votre œuvre ne périra pas ; avant huit jours vous aurez vos quatre-vingt mille francs ; le temps de voir mon notaire et de donner hypothèque sur mes propriétés. »

La chose s'exécuta comme il avait été convenu. L'âme délicate de M. Dauphin, si capable d'apprécier à toute sa valeur ce généreux service, dut trouver de dignes remerciements pour le premier bienfaiteur d'Oullins. La reconnaissance de la petite Communauté sauvée de la dispersion s'exprima naïvement, le jour de la fête du 18 juillet, dans un superbe feu d'artifice dont la pièce finale fit flamboyer cette inscription applaudie par tous les spectateurs : « *Vive M. Labbe !* »

La crise financière ainsi conjurée, il fallut parer à un autre péril. M. l'abbé Lassalle emportait avec lui le titre de chef d'institution, et son départ enlevait à Oullins l'autorisation légale et le droit de plein exercice. Une autorisation provisoire, obtenue par la protection de M. de Lamartine, permit au collège de ne pas interrompre son enseignement. Mais il fallait régulariser cette situation et s'assurer d'une manière définitive la possession du précieux privilège dont l'Institution avait joui à ses débuts. Outre le découronnement de ces études incomplètes, elle eût risqué, en le perdant, de déchoir dans la faveur publique, un peu ébranlée déjà par la scission qui venait de se produire (1).

(1) Au commencement de l'année scolaire 1839-40, M. Dauphin avait encore obtenu la prorogation de l'autorisation provisoire accordée pour l'exercice précédent. Mais cette fois il n'avait pas été fait mention de l'enseignement de la philosophie. Par une singulière coïncidence résultant d'une lacune qui s'était produite dans les classes, ce cours se trouvait supprimé faute d'élèves. Aussi, dans le mémoire qu'il adressait au Ministre, à l'appui de sa

La continuation du plein exercice suivrait-elle l'acceptation d'un nouveau titulaire ? C'était au moins douteux. Un premier voyage de M. Dauphin à Paris, entrepris à cet effet, fut sans résultat. On touchait à la fin des vacances (1839), et il dut revenir en toute hâte, sans avoir obtenu l'audience du ministre, malgré ses démarches renouvelées, et appuyées des sollicitations pressantes de plusieurs notabilités politiques.

Attristé, non découragé par cet insuccès, M. Dauphin poursuivit ses démarches. Mais la question du plein exercice n'aboutissait toujours pas. M. Cousin, alors ministre de l'Instruction publique, offrait simplement la reconnaissance du nouveau titulaire proposé comme chef d'institution, sans vouloir accorder la concession du privilège tant souhaité.

Au mois de mai 1840, le directeur d'Oullins se résolut à recommencer le dur métier de solliciteur. Après avoir recommandé l'objet de son voyage aux élèves et aux maîtres réu-

requête, M. Dauphin fit valoir cette circonstance qui, en sauvegardant le respect de la légalité, laissait intact le droit fondé sur la possession antérieure.

nis à la Chapelle, dans une allocution qui les émut jusqu'aux larmes, il reprit la route de Paris. Quelques jours après, il obtenait satisfaction complète sur tous les points, et communiquait la nouvelle à ses confrères par le billet suivant :

« Mes bons amis, bénissez Dieu et réjouissez-vous : à l'instant même, je viens de voir de mes deux yeux le procès-verbal du conseil royal, et j'y ai lu ces mots sauveurs, de la main même de M. Orfila : « Le Conseil décide qu'il « y a lieu d'accorder à M. l'abbé Bourgeat (1) « le titre de chef d'institution de *plein exercice* « à Oullins, 19 juin 1840. » Oh ! les belles pa-

---

(1) Entré à Oullins en 1837 comme professeur de philosophie, M. Bourgeat, ainsi que M. Chaine, partageaient avec M. Dauphin le titre et la charge de Directeurs. Nous donnerons, dans le chapitre consacré aux maîtres, les détails que nous avons pu recueillir sur eux.

Cette heureuse solution était due en partie aux démarches personnelles de M. Sauzet et des membres de la députation du Rhône, comme aussi au concours actif de M. Mignet et de M. Jules de Lasteyrie. Le Recteur de l'Académie de Lyon, M. Soulacroix, le beau-père d'Ozanam, fort bien disposé pour M. Dauphin, avait promis un avis favorable qui dut influer sur la décision du Ministre et du Conseil.

roles : de *plein exercice* ! Cela tient peu de place, mais comme cela ressuscite !.... »

Le retour de l'abbé Dauphin fut un véritable triomphe. Les élèves de rhétorique étaient allés au-devant de leur cher maître jusqu'à Saint-Etienne, le jour de son arrivée, pour lui faire une escorte d'honneur, et jamais wagon de chemin de fer ne retentit de cris plus joyeux. Dès le lendemain, une messe solennelle d'action de grâces fut célébrée, et un congé général mit le comble à la joie commune.

Rassuré sur l'avenir d'un établissement qui lui avait déjà coûté tant de peine, M. Dauphin put alors donner tous ses soins aux perfectionnements de son œuvre ; il est temps d'en faire connaître l'organisation.

En quittant le séminaire, le futur supérieur d'Oullins n'avait eu, nous le savons, d'autre initiation à son ministère d'éducateur que ses fonctions de précepteur auprès des enfants de M. Deschaux et de M. Delphin. Pendant les trois années qu'il passa chez ce dernier, il put, au contact journalier de ses élèves, contrôler et mûrir ses conceptions solitaires sur le grand art de la conduite des âmes. Il se trouvait en même temps dans un courant d'idées et de relations éminemment propres à développer cette expérience pratique des hommes et des choses, que sa vie antérieure n'avait pu lui donner. Mais cette préparation, toute personnelle, ne pouvait suffire à le mettre au niveau des obligations multiples que comporte la charge de supérieur d'un internat. Aussi, dans les mois qui précédèrent l'ouverture du sien, M. Dauphin entreprit ce qu'on appellerait aujourd'hui un voyage d'instruction. Il visita les principaux établissements de cette époque : Juilly, Stanislas et le petit séminaire de Saint-Nicolas. dans le but d'en étudier de plus près l'esprit et l'organisation. Nous ne saurions dire dans quelles proportions les notes recueillies à ce sujet se mêlèrent aux inspirations propres de M. Dauphin, pour la constitution de son collège. Sans doute, il leur emprunta quelques points communs, fruits de l'expérience et consacrés par le temps. Mais on reconnaîtra dans les usages établis à Oullins assez de traits particuliers, véritable création sur le terrain de la culture des âmes, sortis de la haute intelligence et du cœur si dévoué de nos premiers maîtres. Ces usages, en partie modifiés par les nécessités et les circonstances, conservés en plus grande partie par une transmission fidèle, sont devenus la tradition des Ecoles Dominicaines. A ce titre, autant que dans un intérêt d'exactitude historique, ils méritent que nous les rappelions et on nous excusera de le faire avec quelques détails. En traçant leur modeste sillon, M. Dauphin et ses collègues furent de vrais fondateurs. On ne saurait sans injustice leur contester cet honneur, ni leur dénier sa légitime récompense.

« Persuadé que la religion et la science doivent s'unir étroitement ensemble dans l'œuvre de l'éducation de l'enfant, nous voulons, disait M. Dauphin, que la première, qui est la loi divine et suprême des intelligences, prédomine dans leur développement. Nous voulons que non seulement elle se mêle à l'éducation, mais qu'elle la pénètre tout entière. » (1)

___

(1) Cette citation, comme toutes celles qui reproduisent la pensée de M. Dauphin, sont extraites du volume de *l'Education*. M. Beluze nous fait espérer la réimpression de cet ouvrage depuis longtemps épuisé.

Ainsi, faire sortir des principes révélés de la foi les habitudes qui gouvernent la vie, et conduire l'enfant par un harmonieux développement de ses facultés et de ses énergies jusqu'au seuil de la virilité chrétienne, telle fut l'idée mère qui inspira les règlements d'Oullins.

Deus scientiarum Dominus fut la devise adoptée et mise en tête des programmes pour traduire cette pensée. L'Ecole fut placée sous le patronage de saint Thomas d'Aquin, le génie encyclopédique de la science sacrée et de la philosophie rationnelle, le héros de la chasteté juvénile, le poète de l'Eucharistie. Par une sorte de prévision prophétique, l'Ange de l'Ecole était constitué le gardien du berceau futur des fils de saint Dominique. Enseignement, éducation, formation du caractère, développement du cœur : tout avait son point de départ dans une profession de foi chrétienne et catholique hautement déclarée.

L'instruction religieuse, seule base solide d'une pratique sérieuse et efficace, était organisée avec un soin extrême. L'étude littérale du catéchisme, entremêlée d'explications con-

venables pour les plus jeunes enfants, était
suivie d'un enseignement plus développé du
dogme, de la morale et du culte, d'après le
plan tracé par le catéchisme du concile de
Trente. Puis venait un cours supérieur, conçu
encore dans un ordre historique, agrandi,
généralisé, embrassant dans une vaste syn-
thèse, non seulement les phases diverses de
la révélation, mais les altérations que l'erreur
lui a fait subir, les formes plus ou moins
pures dont les hommes l'ont revêtue (1).

Il n'y eut pas d'aumônier exclusivement
chargé de la direction spirituelle. Tous les
prêtres et les ecclésiastiques, selon leur rang,
étaient appelés à participer soit à l'enseignement religieux, soit au ministère de la prédication et de la confession, et à donner leur
concours aux cérémonies du culte.

Les exercices religieux étaient ordonnés
avec une sage discrétion et proportionnés aux
facultés d'attention de notre âge, de façon à

(1) Revenant d'entendre le P. de Ravignan, qui donnait
une station à Lyon, M. Dauphin écrit sur son journal :
« J'ai été agréablement surpris de retrouver dans les divisions du sermon de l'éminent religieux le plan et les
idées fondamentales de mon cours d'instruction religieuse. »

saisir fortement l'enfant et le jeune homme, en s'adressant à la fois à la raison, au cœur et à l'imagination, mais en leur épargnant la fatigue et l'ennui.

La prière du matin, faite séparément dans chaque division, était suivie de ce qu'on appelait la méditation, entretien familier dans lequel nos maîtres se succédaient pour faire pénétrer dans nos âmes, toutes fraîches du premier réveil, une impression divine, destinée à inspirer les pensées et les actes de notre journée d'écoliers. Le sujet et la forme de ces entretiens variaient nécessairement avec la personne de l'orateur, ce qui contribuait à raviver l'attention. Tous n'étaient pas également goûtés par tout l'auditoire, mais aucun ne passait sans porter quelques fruits, récompense de la bonne volonté qui se donnait à nous dans cet épanchement intime et de la docilité que nous apportions en général à recevoir cette impulsion et à l'utiliser.

Le commencement et la fin des classes, des études, des repas, était, comme dans toutes les maisons chrétiennes, sanctifiés par les invocations d'usage.

La prière du soir réunissait, après le souper, la communauté tout entière, comme une famille autour de son chef, pour remercier avant le sommeil l'Auteur de tout bien. On se rendait dans la salle d'étude. Les grands occupaient leurs places ordinaires, et les petits se groupaient dans l'espace laissé vide au milieu. Nos maîtres s'agenouillaient sur nos bancs, confondus au milieu de nous. Le supérieur présidait dans la haute chaire du surveillant. Dès le premier signe de croix, la voix grave et admirablement timbrée de M. Dauphin portait au recueillement, et dominait de sa note magistrale et pleine d'onction le gazouillement des plus jeunes et le murmure assourdi des organes adolescents.

S'il avait quelque avis à donner, une récompense ou un châtiment à proclamer devant tous et qui ne pussent attendre le dimanche, le supérieur profitait des instants qui suivaient la prière afin de mieux graver dans nos âmes ainsi préparées ces paroles de direction ou de justice, pour y produire leur effet d'encouragement ou de correction.

Comme aujourd'hui, les élèves n'assistaient

à la messe, pendant la semaine, que le jeudi (1). Le dimanche, il y avait d'abord une messe basse, puis la grand'messe chantée à dix heures. Dans l'après-midi, les vêpres : les jours de grande fête se terminaient par un salut solennel, où l'éclat de nombreuses lumières, les chants exécutés avec entrain, le parfum de l'encens, se réunissaient pour enlever les âmes dans un enchantement religieux qui les portait en haut. La prédication qui, pendant le Carême et l'Avent, se faisait à vêpres, était, ces jours-là, réservée pour ce dernier exercice ; et souvent nous avions la surprise d'un orateur inaccoutumé.

La messe de minuit avec les traditionnels cantiques de Noël, les graves offices de la Semaine Sainte, la veillée du Jeudi-Saint devant le tombeau, le chant de la Passion ; puis la belle préface de la bénédiction du cierge pascal, le premier *Alleluia* du samedi

---

(1) C'est pendant ces messes basses que se chantaient avec un entrain inexprimable les cantiques d'un recueil autographié spécialement pour Oullins, dont quelques-uns étaient de la composition de nos maîtres, MM. Lacuria et Le Voyer.

matin et l'hymne triomphante du soir de
Pâques, prélude joyeux de la sortie du lendemain, ont laissé d'ineffaçables empreintes
dans le souvenir des Oullinois. Souvent,
après leur sortie du collège, les plus rappro-
chés venaient avec empressement prendre
part à ces solennités, complétant ainsi par
leur présence cette merveilleuse harmonie du
collège chrétien, où les générations passées,
par leur fidélité à la pratique religieuse, con-
courent, elles aussi, à la formation de l'âme
de l'enfant. « Ils ne se doutaient pas alors,
nous écrit l'un de ces fidèles enfants d'Oullins, tous ces Anciens de l'Ecole qui venaient
ces jours-là simplement courber, sous le pardon et la bénédiction de leurs vieux maîtres,
leur cœur si fortement trempé et s'asseoir
avec nous à la Table sainte, ils ne se doutaient pas de la confirmation qu'ils appor-
taient à notre foi par leur retour sur ces bancs
où ils nous avaient précédés !... »

Le printemps, ramenant les longues promenades et les récréations du soir, s'ouvrait
par les exercices du mois de Marie. Ils avaient
lieu à la chapelle les jours de pluie. Mais

pour peu que le ciel fut clément, au sortir de la classe, les divisions escaladaient rapidement les allées du parc et se groupaient en demi-cercle devant la gracieuse Madone (1) qui domine le Tapis Vert. C'était alors, et c'est toujours un joyeux assaut d'harmonie entre les rossignols, réunis comme par un mot d'ordre en cet endroit, et les voix animées par ce beau ciel et cette riante nature. Avec quelle ardeur surtout éclatait le refrain final, frémissant d'une généreuse protestation d'amour et de fidélité à Marie : « *Oui nous l'avons juré, nous sommes ses enfants !...* »

C'est dans cette saison qu'a lieu la première communion, très heureusement fixée au jeudi de la Fête-Dieu. Il va sans dire que la préparation des enfants admis pour la première fois au divin banquet a toujours été de la part de nos maîtres l'objet de cette sollicitude particulière dont est entouré, en France, cet acte solennel. Tous s'y employaient en quelque manière, et pour clore cette lente formation, commencée plusieurs mois à

____

(1) Œuvre et don de M. Fabish père.

l'avance par des catéchismes plus fréquents et couronnée d'une retraite de trois jours, on avait institué à Oullins la touchante cérémonie du *Pardon*. La veille du grand jour, on se réunit à la Chapelle et, devant l'autel, l'un des nouveaux communiants, au nom de tous, lit une amende honorable et sollicite, après l'absolution du prêtre, l'oubli et l'indulgence des maîtres et des condisciples pour les fautes et les négligences du passé. Le supérieur prend alors la parole pour exprimer, avec une émotion facilement partagée, les sentiments qui font battre tous les cœurs à l'unisson.

Cette allocution était un triomphe pour M. Dauphin. Le genre de son éloquence y était merveilleusement approprié. Aussi les premiers mots qui sortaient de sa bouche fixaient l'attention de ces têtes enfantines, dont les regards ne quittaient plus son visage tout rayonnant de sympathie, et s'attachaient à ses lèvres vibrantes d'affection, à son geste imposant et paternel.

*Mes bons amis.....* il nous donnait ce nom plus volontiers que celui d'enfants, sans doute pour se mettre plus à notre portée et gagner notre affection. Et en effet, dans cette seule expression, il semblait nous ouvrir tout son cœur ; nous nous sentions comme pressés sur sa poitrine et serrés dans ses bras. Ainsi abrités sous cette chaude étreinte, nous le suivions, ravis, pénétrés de repentir, de reconnaissance et de courage, tandis qu'il développait quelque page évangélique, rappelant la miséricorde et l'amour de Jésus, si doux aux petits enfants. Quand il avait fini, le chœur faisant écho à son inspiration entonnait le Psaume qui célèbre la charité fraternelle des chrétiens : « *Ecce quam bonum et quam jucundum habitare fratres in unum !...* »

Pendant ce chant, les jeunes néophytes passant au milieu de leurs camarades plus âgés leur donnaient et en recevaient tour à tour une affectueuse étreinte, signe de réconciliation et d'oubli pour les mutuelles offenses, graves ou légères, de la vie d'écolier (1).

(1) Cette partie de la cérémonie, depuis longtemps supprimée, se pratiquait de notre temps avec un sérieux digne de sa grave signification. Le trait suivant peut en servir de preuve. Il y avait, parmi les élèves de rhétorique, un jeune nègre d'Haïti. Sa couleur et sa taille inspiraient aux petits une terreur assez naturelle. On s'était

Nous ne décrirons pas la fête elle-même de la première communion. Les émotions de cette journée, unique dans la vie du chrétien, sont d'une nature trop intime et trop personnelle pour qu'on puisse en retrouver l'expression fidèle ailleurs que dans ses propres souvenirs.

La fête avait son lendemain joyeux, consacré au pèlerinage de Notre-Dame de Fourvière ; après quoi il fallait bien quitter les sommets où volontiers on eût fixé sa tente et revenir au partage de la vie commune. Mais on y rapportait une force nouvelle dont on pourrait renouveler souvent la provision, en recourant à la source divine où l'on avait puisé une première fois.

L'amour de Dieu répandu dans les cœurs par la grâce sacramentelle doit se compléter et se traduire par l'amour du prochain. Les fondateurs d'Oullins n'auraient eu garde d'ou-

demandé entre premiers-communiants ce qu'on ferait le jour du pardon, et plusieurs avaient protesté qu'ils passeraient outre. Il va sans dire que le moment venu aucun ne se dispensa de donner consciencieusement l'accolade à ce terrible camarade, qui n'était pas le moins ému en la rendant.

blier cette loi. De bonne heure, on s'est plu à nous former à l'exercice personnel de la charité envers les pauvres.

Dès 1837, à l'occasion de la visite d'un missionnaire de la Nouvelle-Ecosse, qui devait quêter pour ses nouveaux convertis, nous trouvons mentionnée sur le journal de M. Dauphin l'existence d'une association de charité qui avait déjà ses séances régulières. On y nommait les *aumôniers* de la semaine chargés de la distribution des aliments et des visites aux familles indigentes, dont ils devaient rendre compte à la séance suivante (1).

Dans la plupart des collèges chrétiens, il existe une Congrégation de la Sainte-Vierge dont les membres, choisis parmi les meilleurs élèves, trouvent dans une pratique religieuse plus fervente la sauvegarde de leurs vertus et

(1) Cette association se transforma plus tard en conférence agrégée à la Société de St-Vincent-de-Paul. Il n'est pas hors de propos de rappeler ici que l'année 1833, qui vit les premiers commencements du collège, fut aussi celle de l'ouverture des conférences du collège Stanislas de Paris et de l'établissement des conférences de St-Vincent-de-Paul, par Ozanam et ses jeunes amis.

l'honneur de servir d'exemple à leurs con-disciples. A Oullins, nous l'avons vu, le culte de l'auguste Mère de Dieu n'était pas négligé ni sa protection mise en oubli. Mais ce fut tout d'abord sous l'invocation du Saint-Sacrement que s'associèrent les élèves de bonne volonté. Ils s'assemblaient ordinairement le dimanche au soir pour s'édifier ensemble en de pieux entretiens. Aux processions de la Fête-Dieu, la nuit du Jeudi-Saint et chaque fois que se donne la bénédiction du Saint-Sacrement, plusieurs membres, à tour de rôle, portant un flambeau, entourent l'autel, formant la garde d'honneur de l'Hostie sacrée. Par là, les enfants de saint Thomas d'Aquin se montrent dignes de son patronage, en prenant pour fondement de leur pratique religieuse le culte de l'adorable Eucharistie.

Tels sont les usages religieux qui ont fait la tradition d'Oullins. Les années n'en ont rien retranché d'essentiel ; et le temps a confirmé l'esprit de zèle sage et discret qui en avait réglé la disposition.

Mais, nous tenons à le proclamer encore,

nos maîtres ne se bornaient pas à formuler
devant nous des préceptes théoriques de morale et à nous astreindre à quelques exercices
réguliers du culte chrétien. On a vu quel rôle
plus élevé et plus étendu ils assignaient à la
religion dans leur œuvre. Par leurs entretiens,
par leurs exemples, par cette fréquentation
intime du prêtre, autant que par l'enseignement de la chaire, ils nous faisaient respirer
la foi comme l'air naturel de nos âmes, ne sé-
parant jamais le développement de l'esprit par
l'étude de la formation de la conscience par
une sincère et libre piété.

Car, c'est ainsi qu'après saint Paul on a
toujours entendu, à Oullins, l'application de
cette base fondamentale de toute solide vertu :
« Plus il y a de piété dans l'éducation, a dit
M. Dauphin, plus il y a de distinction dans
les habitudes, d'amabilité dans les caractères
et de noblesse dans les cœurs. »

Mgr DAUPHIN

# CHAPITRE III

*Enseignement et éducation. — But des études. — Programmes et partage des classes. — Système des spécialités. — Émulation et récompenses. — Discipline. — Les repas. — Les congés. — Rapports entre les élèves et les maîtres. — Action personnelle de M. Dauphin par la parole. — Analyse de ses discours. — Attachement et retour des anciens élèves. — La Saint-Thomas. — Cession de l'Ecole au P. Lacordaire, et fondation du Tiers-Ordre enseignant.*

« Dieu, qui est l'auteur de la religion, l'est en même temps de l'intelligence humaine; Dieu, qui est le maître de la foi, l'est aussi de la science; il ne saurait y avoir contradiction entre ses œuvres. C'est pourquoi la religion et la science doivent s'unir étroitement ensemble dans l'éducation de l'enfant, se pénétrer mutuellement, et, comme les voix d'un même concert, se confondre en un tout harmonieux. »

En conséquence de ce programme, M. Dauphin, après avoir fait ainsi que nous venons de le voir, la part de Dieu dans les choses religieuses, s'appliqua à faire aussi la part de l'instruction. Il la voulut sérieuse et vraiment efficace. Pour cela, il se demandait, dans le discours de distribution de prix de 1847, quel est *le vrai but des études*; et à cette question il trouve deux réponses bien différentes : les uns, voulant que l'effort de l'élève ait pour objet immédiat l'acquisition de la science, sont conduits à employer l'application du maître et de l'élève à un travail d'assimilation brutale, uniforme, tenant fort peu de compte des qualités et des degrés d'intelligence sur lesquels il faut agir.

« Pour les autres, enseigner n'est pas seulement confier à la mémoire de l'enfant telle ou telle quantité de grammaire ou de science, c'est éveiller et exciter toutes ses facultés, c'est en faire un homme intelligent, un esprit cultivé et capable ; c'est lui imprimer une forte et sage direction qui, alors même que ses études seront finies, continuera de le pousser vers le beau et le vrai ; c'est lui donner un point de vue fécond et large, la soif des idées, le goût de la science ; c'est enfin lui apprendre à apprendre, selon le mot si vrai et si simple de nos aïeux. »

Cette interprétation élevée et libérale du vrai but des études, guida les fondateurs dans le choix des matières, leur distribution et les méthodes d'enseignement.

A l'étude du français et des littératures anciennes, base encore peu contestée de toute éducation classique, les programmes d'Oullins avaient joint résolument un enseignement scientifique plus étendu, et commencé beaucoup plus tôt que ne l'admettaient à cette époque la plupart des collèges chrétiens. Des classes de physique et de chimie avaient lieu parallèlement aux cours de mathématiques. Les démonstrations étaient accompagnées d'expériences, qui montraient l'application des formules aux questions industrielles et aux usages de la vie pratique. L'histoire naturelle était enseignée aux tout jeunes enfants : on avait reconnu, bien avant nos modernes réformateurs, l'attrait spécial que cette étude offre à leur curiosité, et le parti qu'on en peut tirer.

Les cours d'histoire et de géographie étaient professés avec une précision dans les recherches et une élégance d'exposition que les professeurs de cette spécialité semblent s'être transmises en héritage. Aussi les classes supérieures ont toujours compté un certain nombre d'élèves particulièrement appliqués à cette étude, et en ayant depuis conservé le goût et développé le talent.

Les langues vivantes elles-mêmes, bien que facultatives, avaient déjà leur place dans ce programme qui ne péchait pas, on en conviendra, par manque de variété, et devançait en plus d'un point des réformes bruyamment prônées.

Voici comment on avait pourvu, dans l'application, aux exigences de ce cadre assez vaste, de façon à en assurer le fonctionnement sans tomber dans une surcharge fâcheuse pour les élèves et les maîtres.

Au lieu d'avoir, pour chaque classe, ún

seul titulaire, professant en même temps le français, le latin et le grec, souvent même l'histoire, la géographie et le reste, il y eut à Oullins des maîtres distincts pour enseigner tour à tour aux élèves des différents cours, soit la grammaire, soit la littérature de l'une des trois langues classiques, soit toute autre branche du programme d'études. L'avantage de ce système, dont on peut discuter le mérite, c'est que d'une part, chaque maître, attachant à sa spécialité une importance particulière, aucune n'était négligée ou sacrifiée, comme cela peut arriver dans le système opposé. C'est ensuite que, les élèves ne recevant à chaque leçon qu'un seul genre d'enseignement, il devait se graver bien plus lucide dans leur intelligence que lorsqu'il se trouve en même temps mêlé à d'autres matières.

Cette méthode de spécialisation avait obligé de multiplier les leçons de chaque semaine ; au lieu de la division ordinaire de la journée en deux classes, il y en avait quatre d'une heure affectées chacune à une seule branche de l'instruction. Cette variété de leçons, ce passage fréquent d'un enseignement à un autre, le changement de maître lui-même, avaient paru propres à activer l'application des élèves en stimulant leur curiosité et en délassant leur attention.

Ce que l'on peut affirmer sans crainte, concluait M. Dauphin, c'est que la classification par spécialités facilite, de la part des maîtres, les études fortes et approfondies en même temps qu'elle les exige. Nous ajouterons, pour notre part, que l'adoption de ce système, quel que soit le jugement qu'on porte sur sa valeur, fait encore plus l'éloge du zèle et du dévouement de nos maîtres que de leur ingéniosité. Quelle abnégation de soi ne demandaient pas en effet à un homme d'étude ce fractionnement de la journée, cette interruption si fréquemment renouvelée du travail personnel, cette multiplication du contrôle nécessaire des devoirs et des leçons !

Il fallait le noter en passant, mais nous aurons lieu plus d'une fois de constater, à l'honneur des maîtres d'Oullins, cette généreuse méconnaissance de la limite des forces humaines, avec laquelle ils faisaient bon marché de leur commodité et de leur repos, partout où ils voyaient pour leurs chers élèves, non seulement un bien, mais un mieux à réaliser.

Dans les moyens d'émulation on avait aussi, en ce qui concerne les récompenses, dérogé à l'usage communément suivi dans les collèges. Ce n'était pas le mérite relatif constaté par le rang obtenu dans les compositions, mais bien le mérite absolu, déterminé par les moyennes hebdomadaires résultant des notes quotidiennes, qui était l'objet des distinctions honorifiques décernées publiquement le dimanche devant les maîtres et les élèves réunis. C'était encore la moyenne de ces notes qui servait de base pour les prix de la fin de l'année. Au lieu d'un seul premier, d'un seul second prix, attribué aux élèves les plus forts de leur classe en chaque matière, on décernait autant de prix de premier ou de second ordre qu'il y avait de concurrents ayant atteint une moyenne déterminée. Il en était de même pour les mentions honorables qui remplaçaient les accessits.

Les compositions qui avaient lieu au commencement de chaque mois, servaient de concours, non entre les élèves d'une même classe, mais entre les classes elles-mêmes. Celle qui atteignait la plus forte moyenne était récompensée par un congé. Ainsi avait-on pensé éviter les inconvénients des rivalités individuelles poussées à l'excès, en même temps que faire naître parmi nous l'esprit de solidarité par une sorte d'application de la réversibilité des mérites et des fautes.

Un des problèmes les plus délicats et les plus ardus à résoudre dans un pensionnat consiste dans le maintien d'une bonne discipline. Le succès des autres parties de l'éducation en dépend. Ni la piété, ni les mœurs, ni les études ne sauraient fleurir sans cet auxiliaire indispensable. Mais, en même temps, quoi de plus important, de plus difficile à faire accepter à de jeunes esprits que ce joug de la règle, cet assujettissement de toutes les minutes ? Quoi de plus délicat aussi que l'ingérence continuelle du maître pour assurer l'observation d'un règlement et prévenir les écarts ? Afin de relever aux yeux des élèves ces fonctions de la surveillance si décriées et si ingrates dans certains établissements, on imagina que ceux qui en étaient chargés auraient aussi une part dans l'enseignement, et pareillement tous les professeurs donnaient en quelque manière leur concours à la discipline, soit par des suppléances d'études, soit par l'assistance spontanée aux récréations et aux promenades, soit encore par la surveillance des repas, exercice important, qui ne demande pas une moindre attention, si l'on veut habituer les enfants à l'observation des convenances chrétiennes, du savoir-vivre et des usages polis. Ce résultat s'obtenait à Oullins par une ingénieuse disposition témoignant hautement de l'entier dévouement et de la sagacité des éducateurs qui s'y étaient astreints. Après leur dîner et leur souper, ces Messieurs venaient, à tour de rôle, présider le repas d'un groupe d'élèves. Les tables des réfectoires étaient de quinze couverts. A chacune d'elles un professeur prenait place, s'asseyant au milieu de nous, comme s'il eût dû partager notre réfection, mais uniquement occupé de nos besoins ; pressant les timides et les délicats, modérant l'avidité des indiscrets, réprimant un éclat de voix trop bruyant, un geste trop familier, en un mot, veillant à la fois, à l'hygiène, à la tenue et à la conversation. Là encore, chacun avait sa spécialité, non pas déterminée à l'avance par un règlement, mais tracée par le caractère et la tournure d'esprit. On attendait avec empressement la semaine de tel professeur renommé pour ses histoires qu'il savait interrompre aux moments critiques en renvoyant la suite à la prochaine fois, si l'on avait été sage. Un autre nous intéressait par les énigmes et les petits problèmes qu'il nous proposait et par la récompense d'une friandise à qui trouvait la solution. Celui-ci était populaire par ses calembours et ses jeux de mots. Tel autre n'avait qu'à se montrer pour faire sortir des tiroirs les serviettes oubliées que tous les élèves de sa table s'empressaient de nouer autour du cou avec la plus édifiante régularité.

Ces détails, d'apparence minutieuse et puérile, ont leur importance en matière d'éducation ; aussi, ne nous excusons-nous pas d'en rappeler le souvenir. Un autre avantage, facile à apprécier, ressortait de cette pratique. Les élèves de tout âge étaient ainsi mis en présence successivement de chacun de leurs professeurs, qu'ils apprenaient à connaître et dont ils recevaient les soins en dehors des rapports officiels de la classe et de l'étude.

D'autres occasions et d'autres usages favorisaient ces relations familières avec les maîtres, une des grandes forces de l'éducation d'Oullins.

Outre les congés de faveur accordés à la classe victorieuse dans les concours mensuels, il y avait, pendant l'été, des jours de congé général, dont la date variable et nécessairement subordonnée aux circonstances, était soigneusement tenue secrète. Pourtant ce mystère était parfois éventé la veille par quelques fureteurs ayant surpris les préparatifs alimentaires de l'expédition. Parfois aussi un brusque changement de temps amenait une déception rendue plus cruelle par l'espoir indiscrètement conçu. Lorsqu'il n'y avait pas contre-temps, le lever plus matinal annoncé par les accents joyeux de la fanfare ne laissait ce jour-là aucun retardataire. Rapidement, les classes se groupaient autour des maîtres désignés pour les conduire, et bondissant au signal du départ, s'élançaient dans les directions diverses assignées à chaque bande.

Les causeries sérieuses et enjouées, où se mêlaient confusément le récit des prouesses précédentes, le commentaire des incidents de collège, la discussion d'un devoir littéraire ou d'une théorie scientifique, abrégeaient la route et rapprochaient l'heure du déjeûner frugal, servi le plus souvent sur le gazon d'une clairière ou dans la salle rustique d'une auberge de village. Un peu plus délicat et plus varié que les repas du collège, le festin déliait encore les langues, éveillant chez les plus réservés une verve parfois inconnue jusqu'alors.

Au retour, et quand on approchait du terme, si l'ardeur de la petite troupe faiblissait, les plus vaillants ranimaient l'entrain, en trompant la fatigue par le refrain de quelque marche bien rythmée.

Le sommeil de la nuit, un peu prolongé au matin, achevait de faire disparaître toute trace de la fatigue pour n'en laisser que le bienfait (1).

(1) A l'exemple de Topffer, avec qui il s'est rencontré plus d'une fois, M. Dauphin emmenait presque chaque année

Dans ces promenades comme dans les récréations où ils se plaisaient à paraître, la présence de nos maîtres, loin d'apporter une gêne, était une joie de plus. Sans embarras et sans crainte, on s'empressait autour d'eux avec une respectueuse familiarité, pour recevoir et leur donner la bienvenue, entendre leurs paroles d'encouragement, demander une explication, invoquer leur jugement sur un point en discussion. Ainsi s'établissaient entre eux et nous des liens formés de bienveillance et de confiance réciproques, qui facilitaient singulièrement la mission des maîtres et favorisaient le développement intellectuel et moral de l'enfant ; car, en matière d'éducation, comme le proclamait hautement M. Dauphin, les méthodes c'est la lettre, la forme, l'organisme ; et elles ne valent que par les principes qui en sont l'esprit, l'idée, le fondement, et par les hommes chargés de les appliquer. C'est pourquoi, en relatant ces usages du premier

un groupe d'élèves auxquels il fit visiter successivement les chaînes du Mont-Pilat, du Mont-Dore et de l'Auvergne, le Languedoc, la Provence ; plus tard, la Savoie, la Suisse, le Tyrol et l'Italie.

Oullins, sujet, comme tout organisme, aux transformations que nécessitent la marche du temps et le déplacement de la lutte pour la vie, nous avons à cœur surtout d'en faire ressortir l'esprit fidèlement conservé hors de toute atteinte et de tout amoindrissement. Que ne pouvons-nous de même reproduire dans un complet ensemble, comme en une galerie d'ancêtres, l'image de tous ces hommes dévoués qui furent les interprètes de de la pensée créatrice d'Oullins, et communiquèrent aux procédés d'éducation l'efficacité de leur zèle et de leur vertu! Nous essaierons plus loin de faire revivre la physionomie de quelques-uns d'entre eux. Mais, avant de poursuivre la chronologie de notre école, il est juste de nous arrêter à ce point, pour caractériser plus expressément l'action personnelle de celui qui fut le premier dépositaire de l'esprit d'Oullins, l'inspirateur de ses méthodes, l'âme de toutes ces âmes tirant leur vie morale de sa propre vie.

Entre les nombreux éducateurs éminents de ce siècle, dont l'histoire de l'enseignement libre redira les noms, la figure de M. Dauphin, si l'on en saisit bien les traits saillants, se distinguera par cet attrait particulier de sé-duction primesautière, de charme entraînant, exercé, sinon sans qu'il en eût conscience, du moins sans qu'il eût besoin de faire effort et de paraître s'en donner la peine, principalement sur l'enfance et la jeunesse, mais aussi sur tous ceux qui l'abordaient. La bonté et la dignité étaient empreintes sur son visage ; la gravité et la douceur s'exprimaient par son maintien. Aussi son seul aspect prévenait favorablement le visiteur ou l'enfant qui s'approchait de lui. Mais sa parole était par excellence l'arme merveilleuse qui achevait ses conquêtes, aussi bien dans l'entretien intime que dans les instructions communes. C'est par là qu'il captivait nos esprits, enlevait nos cœurs palpitants d'enthousiasme, affermissait nos volontés et triomphait de nos résistances.

Loin de nous certes l'intention d'établir aucune comparaison malséante entre M. Dauphin et les émules de sa sainte mission, pas plus que de lui assigner, comme orateur, un rang exceptionnel auquel il était loin de prétendre. Nous nous bornons à constater de quel admirable instrument Dieu l'avait pourvu pour sa tâche et l'heureux emploi qu'il en sut faire. Nous en appelons, pour témoigner de la puissance et de l'efficacité de cette parole, à ceux qui ont pu l'entendre, ne fût-ce qu'en passant. Mais nous devons renoncer à faire partager leurs émotions et les nôtres par les citations que nous allons reproduire. Qui ne sait, en effet, combien froides et décolorées nous sont transmises par l'écriture les fleurs délicates et parfumées du langage vivant? Cette infériorité de la parole desséchée dans un livre, comme la plante dans son herbier, ne saurait nous dispenser néanmoins d'indiquer dans une rapide analyse les sujets traités par M. Dauphin dans ses discours de distribution de prix. Depuis 1835, il avait pris l'habitude de clore l'année scolaire par des entretiens pédagogiques dont l'ensemble justifie suffisamment le titre, *l'Education,* sous lequel ils ont été réunis. Inspirées souvent par les circonstances, soit de l'époque où elles furent prononcées soit des vicissitudes éprouvées par son œuvre, ses harangues ne constituent pas moins une somme assez complète et assez homogène des vues de l'éducateur sur sa fonction auprès de l'enfant, de la famille et de la Société : vues pratiques au premier chef, comme s'en explique l'auteur dans son avant-propos : « Je n'ai parlé en général, dit-il, que parce que j'avais agi et comme expérimenté par mon travail les besoins et les moyens d'éducation. »

Un *plan général d'enseignement* (1838) sert d'introduction et devint le prospectus de l'institution nouvelle, nous en avons donné l'esquisse dans ses lignes les plus essentielles.

De 1838 à 1840 M. Dauphin s'attache à établir ce qu'il considère comme le fondement de toute son œuvre : *l'esprit de sacrifice dans l'éducation; — le rôle de la religion dans l'éducation; — l'esprit et la lettre, ou les principes éducateurs et les méthodes d'enseignement.* — On y trouve la justification et le développement de la pensée primordiale d'où a surgi la fondation d'Oullins, entremêlés de retours mélancoliques sur les épreuves du commencement et de reconnaissance à Dieu et aux amis d'Oullins pour le secours qu'ils lui ont prêté.

Délivré de ses inquiétudes et de ses craintes, M. Dauphin aborde, en 1841, un sujet plus particulier. *Les dernières années d'Education*, dont le moment est venu pour les premiers élèves, l'amènent à faire ressortir *l'importance de la philosophie* comme couronnement des études classiques. Il traite ensuite *des lectures* qui devront compléter cet enseignement. Puis son âme de prêtre, émue à la pensée des orages qui viennent assaillir l'âme généreuse mais facilement entraînée du jeune homme, s'adresse pour les conjurer, aux mères qu'il sait devoir comprendre mieux et partager ses sollicitudes, aux mères dont la nature tendre et compatissante devine et console toutes les misères du cœur : « C'est à vous surtout, leur dit-il, qu'il appartient de soutenir et de diriger votre jeune fils, avec ce charme de douceur intime que vous savez bien mieux réaliser que je ne saurais moi-même le décrire. Assez souvent nous sommes obligés de vous dire cette parole qui contriste : « Soyez fermes. » Aujourd'hui je puis vous dire un mot qui va mieux à votre cœur et que j'aime davantage : « Soyez bonnes ; c'est-à-dire soyez vous-mêmes, abandonnez-vous sans crainte aux inspirations de votre tendresse. La bonté pieuse d'une mère, la convenance délicate de ses conseils, la puissance de ses souvenirs, voilà pour un jeune homme un des plus doux et des meilleurs préservatifs. » Faisant d'ailleurs une distinction légitime et fondée entre les différents âges, il établit que la nature de l'enfant, plus généralement paresseuse, irréfléchie, égoïste et mutine, veut être redressée et maintenue par la crainte, tandis que celle du jeune homme, intelligente, généreuse, dévouée, est plus accessible à l'amour, et il fait remarquer avec justesse que « l'enfant peut abuser et abuse souvent de l'amour de sa mère et de son maître ; le jeune homme en abuse plus rarement et en profite toujours. Pourquoi n'en serait-il pas de l'éducation de l'homme en particulier comme de celle de l'humanité en général ? Sous la divine pédagogie de la Providence, la crainte du Seigneur a été le commencement de la sagesse, et l'amour est venu plus tard comme la perfection de la loi religieuse et sociale. »

Cette tendresse et cette affection compatissante pour les épreuves du jeune homme, M. Dauphin la demande aussi aux maîtres dans un langage palpitant d'émotion généreuse, laissant deviner ce que lui-même savait trouver de ressources pour donner une issue salutaire à cette crise morale que subit l'âme du jeune homme et qu'elle n'a point faite. Préoccupé du péril qu'ajoute à cette phase de l'éducation une transition trop brusque entre le collège et la Société, il annonce en terminant l'établissement d'une section d'élèves vétérans avec certains privilèges etcertaines latitudes qui les prépareraient à une existence plus libre et plus exposée.

Dans les deux années suivantes, 1842 et 1843, M. Dauphin met en parallèle *l'Education individuelle ou de la famille — et l'Education collective ou du collège.* Découvrant avec sincérité les avantages comme les défauts de l'une et de l'autre, il conclut, pour la seconde, rendue nécessaire par nos mœurs actuelles, à l'indispensable intervention de l'élément religieux, représenté par le prêtre, qui seul peut aider l'enfant à combattre efficacement la vulgarité, la sécheresse du cœur, et à surmonter la tentation morale.

L'année suivante (1844), c'est *le Choix d'un état*, examiné au point de vue de sa préparation par les études, qui fournit à M. Dauphin le sujet de ses conseils, et le ramène à sa préoccupation constante, ainsi résumée dans ces dernières paroles : « Au reste, c'est quand il s'agit du choix d'un état qu'il faut surtout ne point oublier cette divine et profonde sentence que l'Evangile nous a transmise et que les événements pourraient justifier au besoin : Cherchez avant tout le royaume de Dieu, c'est-à-dire les biens de l'âme, le devoir; et tout le reste, c'est-à-dire les biens du temps, le succès, vous arriveront par surcroît. »

Le discours de 1845, sous ce titre, *Inventaire moral*, contient une fine analyse des critiques des élèves sur leurs maîtres et des justes reproches qu'encourent eux-mêmes ces juges sans pitié. Sur le premier point, M. Dauphin, montrant d'abord la grandeur et la difficulté du rôle de l'éducateur, déclare que ces exigences sont bien au-dessus de la faiblesse humaine : « Hélas ! et nous ne sommes, dit-il, ni d'autres Jésus-Christ ni des Anges ; nous ne sommes que des hommes faibles et peccables, des hommes qui peuvent se laisser décourager, à qui la bonne volonté ne fait pas défaut, mais qui manquent plus d'une fois sans doute de patience, de fermeté, d'habileté ou de savoir. Nous confessons humblement ces regrettables infirmités de notre nature, et nous prions qu'on nous les pardonne. »

Après cet aveu qui dut toucher de confusion respectueuse son jeune auditoire, le maître fait justice des plaintes injustes, exagérées, malveillantes, derrière lesquelles se retranchent, en y cherchant leur excuse, les défauts non combattus, les négligences volontaires et coupables du mauvais écolier. Paresse, orgueil et tous leurs rejetons funestes sont attaqués sans pitié pour le mal que propagent leurs funestes racines, mais en laissant percer la profonde bienveillance du médecin des âmes qui croit à la puissance de la grâce plus encore qu'à la malice originelle de notre nature et qui, dans la maladie même, trouve un agent de guérison.

*La Lecture comme élément d'éducation* (1846) offre une série de conseils qui peuvent être reproduits sans encourir le reproche de banalité. Celui qui vise, en les écartant, « certains livres pour l'enfance, où l'on cache la leçon de morale ou de science sous les fictions aimables du drame, du voyage et du roman », ne serait pas déplacé à l'égard de certaines productions actuelles, qui sont d'une portée contestable comme moyen d'instruction et d'une valeur scientifique plus prétentieuse que réelle.

Dans *Le vrai but des études* (1847) que nous avons déjà cité, se trouvent l'exposé et les raisons des tendances libérales de l'enseignement d'Oullins. Contre la tyrannie des programmes officiels, déjà puissante à cette époque, M. Dauphin revendique non seulement la liberté des méthodes, mais l'indépendance du maître et l'initiative de son action personnelle qu'il faut diriger sans l'asservir.

L'effervescence populaire qui accompagna la chute de Louis-Philippe ne se traduisit pas pour Oullins par les désordres dont on eut à souffrir sur d'autres points de l'agglomération lyonnaise. Après avoir craint un moment la visite des terribles *Voraces*, les Directeurs du collège purent remercier la Providence de n'avoir été témoins que de l'inoffensive cérémonie de la plantation d'un arbre de la liberté. On ne fut pas étonné toutefois, à la fin de cette année scolaire, de voir M. Dauphin choisir pour thème de son discours *le Monopole* et *le Communisme*, et opposer courageusement aux utopies démagogiques alors en faveur les réalités sociales de l'Evangile et du christianisme. Il le fit avec une hauteur admirable de pensées et un grand calme d'expression. S'il n'avait pas à convertir sur ce point l'auditoire sympathique qui l'écoutait, cette revendication du droit et de l'honnête n'était pourtant pas sans mérite ni sans opportunité à l'heure et dans le milieu où elle se produisait.

L'année suivante (1849), il parle de *l'Education comme moyen de régénération sociale*, montrant dans les erreurs du protestantisme, de la philosophie du dix-huitième siècle, du faux libéralisme et du socialisme, la source des malentendus qui divisent la génération contemporaine et énerve ses efforts ; il invite de nouveau cette génération, pour guérir ses maux et féconder ces éléments de la vie moderne, à faire une alliance intime avec la religion, alliance que l'éducation seule peut faire revivre et cimenter peu à peu. « Réalisée, cette pacification durable serait pour les éducateurs chrétiens une trop belle récompense ; l'avoir tentée, ne sera pas sans mérite devant Dieu. »

En 1850, à propos de la question des internats et des externats, M. Dauphin est ramené au problème que soulève le choix entre ces deux modes d'éducation ; avec les hommes compétents, il proclame la nécessité presque générale de l'internat dans les conditions actuelles de la famille, incompatibles le plus souvent avec les exigences d'une formation sérieuse et suivie. Comme il l'a déjà fait dans le discours de 1843, M. Dauphin repousse les accusations dirigées contre les internats, dont il a signalé, d'ailleurs, loyalement les inconvénients en indiquant leurs remèdes. « Quant aux reproches qu'on a osé nous faire encore de briser les liens de la famille, nous en appelons hardiment, s'écrie l'orateur justement ému, aux meilleurs juges, les pères et les mères de nos élèves. Qu'ils disent eux-mêmes si, au retour de chaque année scolaire, ils les trouvent moins prévenants et moins dociles ; si leur affection, au contraire, n'est pas plus respectueuse et plus tendre, si leurs caresses ne sont pas plus empressées, leur dévouement plus généreux et plus solide, »

*L'Exemple, élément d'éducation* (1851). — *L'Exemple, fruit de l'éducation* (1852), terminent et complètent la série de ses leçons oratoires, et marquent aussi la fin de la carrière enseignante de M. Dauphin. Avant de faire ses adieux à cette famille d'Oullins qui eut la meilleure part de sa vie, il lui montre une dernière fois son devoir rigoureux de défense et d'apostolat chrétien, comme la rançon de son triple privilège, la jeunesse, la fortune et l'instruction.

L'action du supérieur ne se bornait pas, on le comprend, à ce haut et grave enseignement donné dans des circonstances plus solennelles. Ce texte avait ensuite son commentaire et son application journalière dans un perpétuel échange d'affection et de confiance entre le maître et les élèves. Le résultat était de bannir à peu près complètement d'Oullins cette hostilité sournoise, cette vulgarité scolaire, ce genre criard et grossier qui va toujours plus loin que la surface ; c'était l'esprit d'une famille plutôt que d'un collège.

Et l'impression demeurait telle, même après qu'on avait quitté Oullins, l'éducation finie. On y revenait alors sans peine : « Je puis même dire, écrivait M. Dauphin, qu'on y revenait avec bonheur ; nos anciens élèves se faisaient d'une visite à Oullins une partie de plaisir. Que de jeunes convives, durant les dimanches d'été, sont venus s'asseoir, le visage souriant, à cette table des maîtres où ils étaient toujours sûrs de trouver un accueil cordial ! Je les vois s'y intercaler par groupes entre leurs vieux professeurs, y prendre part à la conversation qui était toujours pleine d'animation et de saillies, y apporter le feu de leur jeunesse, leurs souvenirs classiques, leur franc rire et leur bonne conscience. Quel doux et fraternel symbole que cette table des maîtres ! Comme elle exprimait d'une manière charmante cet esprit de famille qui rendait si douces et si durables les bonnes impressions d'Oullins ! Comme elle me rappelait avec bonheur les gracieuses paroles du psalmiste : *Filii tui sicut novellæ olivarum in circuitu mensæ tuæ !* »

La fête patronale de saint Thomas d'Aquin, qui se célèbre dans le diocèse de Lyon le 18 juillet, fut particulièrement consacrée à ces effusions du souvenir et de la reconnaissance. Le Saint-Sacrifice offert pour les vivants et les morts de la famille oullinoise commence la journée, partagée ensuite entre les jeux, les exercices littéraires et artistiques où les Anciens prennent plaisir à se mêler aux rangs des Nouveaux. C'est ce jour-là (1852), que M. Dauphin choisit, pour rendre public un projet mûrement médité, qui devait assurer à son œuvre la perpétuité du dévouement et des traditions par le rajeunissement d'une greffe religieuse empruntée au vieil arbre de l'ordre de saint Dominique.

Prenant la parole à l'issue des vêpres, et s'excusant de retarder l'attente d'un orateur inaccoutumé, que sa blanche tunique désignait

à la curiosité générale, M. Dauphin déclara
qu'il n'était que la voix d'Oullins, voulant
nous dire aujourd'hui, sous les auspices de
son saint patron, un mot de son passé et de
son avenir. Du passé, il rappela les patients
efforts, les difficultés heureusement surmontées par le secours de Dieu et les promesses
confirmées par les fruits déjà recueillis. « Mais
tout cela, continua-t-il, nous a coûté, mes bons
amis, vingt années de travail et de lutte. Sans
y perdre le courage et le goût de notre état,
nous y avons pourtant usé nos forces, et les
années commencent à nous faire sentir leur
poids. C'est pourquoi nous nous sommes demandé avec inquiétude comment nous pourrions conserver à la religion, pour un avenir
indéfini, tout cet acquis d'enseignements et de
traditions, cette belle maison, cette chère
Ecole, toute cette œuvre de Saint-Thomas
d'Aquin, si laborieusement créée, et dont la
perpétuité fut toujours le rêve de notre vie. »

Ecartant alors les diverses solutions qui
eussent altéré le caractère primitif de son
œuvre, le fondateur d'Oullins poursuivait en
ces termes : « Une idée nous est comme tom-

bée du ciel à laquelle nous nous sommes attaché avec une joie confiante, parce que de
prime abord nous y avons vu de merveilleuses
coïncidences et l'influence bénie de notre saint
patron.

« Quelques-uns de nos professeurs, qui se
sont identifiés à Oullins par de longues années
de collaboration, quelques-uns de nos anciens
élèves, qui y ont puisé la vie morale et la vocation ecclésiastique, nous ont dit un jour :

« Vous désirez que la vie religieuse garan-
« tisse et perpétue votre belle œuvre sans la
« dénaturer, eh bien ! nous sommes déjà de
« saint Thomas-d'Aquin, nous touchons de
« très près à saint Dominique, obtenez que
« nous leur appartenions par un Tiers-Ordre
« régulier voué à l'enseignement, et le pro-
« blème sera résolu. Notre bien-aimé patron
« ne fut-il pas docteur illustre ? Pourquoi ne
« deviendrait-il pas le lien et l'harmonie de
« ces choses qu'il aime, l'œuvre d'Oullins qui
« lui est dédiée et la vie dominicaine dont il
« fut la gloire ? Dans ce contrat fraternel, nous
« garderions d'Oullins la demeure, les tradi-
« tions, les moyens et nos propres personnes ;

« nous recevrions de saint Dominique la con-
« sécration et la fécondité de la vie reli-
« gieuse..... »

« Voilà, mes enfants, ce qui nous a été dit et
nous l'avons accueilli tout d'abord comme une
indication de la bonne Providence..... Nous
avons cru que Dieu lui-même s'était fait entendre, et, tous les obstacles étant aplanis,
notre transformation en saint Dominique s'ar-
complit au moment même où je vous parle.
Nous la faisons en face même des saints au-
tels, sous les auspices de saint Thomas d'A-
quin et en présence de notre grande famille
représentée ici par vous, par vos parents et
par vos anciens condisciples.

« C'est comme un contrat religieux, c'est
comme une consécration solennelle dont nous
avons voulu vous rendre témoins. Nous offrons
devant vous à saint Dominique nos biens,
notre travail, nos enfants, nos personnes ; et,
tout à l'heure, l'éminent provincial de nos
Dominicains de France vous dira mieux que
moi avec quelle cordiale sympathie nos offres
sont acceptées. »

Le Père Lacordaire se fit entendre alors

pour la première fois dans cette petite chapelle qui ne devait le revoir qu'en de trop
rares occasions. Ses paroles si précieuses en
un tel instant n'ont pas été conservées. Sans
doute la grande voix de Notre-Dame, déjà
brisée par les fatigues et les mécomptes de la
vie, dut trouver quelque chose des patrio-
tiques accents qu'il prodiguait sans songer à
ménager ses forces, quand il avait pour auditoire cette jeunesse, premier but de son dévouement, et dernier objet de ses préférences
parce qu'elle n'a encore rien trahi.

En quittant Oullins, le P. Lacordaire donnait rendez-vous, à Flavigny, aux quatre premiers novices du Tiers-Ordre (1), qui l'y rejoi-
gnirent peu après, et reçurent de ses mains
l'habit religieux, le 24 octobre 1852, jour de
la fête de saint Raphaël, l'ange conducteur
du jeune Tobie.

---

(1) Les PP. *Mermet, Cédoz,* professeurs; *Mouton* et *Captier,* anciens élèves.

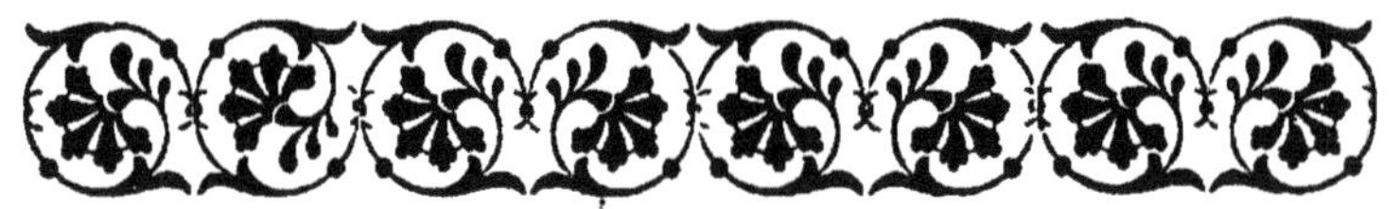

# CHAPITRE IV

*Installation du Tiers-Ordre. — Le P. Cédoz, premier Prieur. —
Le P. Lacordaire veut abandonner Oullins. — Modification
des programmes d'études. — Fondation de l'Athénée ; dernier
discours du P. Lacordaire à Oullins. — Priorat du P. Captier ;
difficultés surmontées au début. — Le Règlement. — La Confrérie de N.-D. des Anges et la Petite Académie. — L'Institut.
— Les Etudiants d'honneur. — Fête de Famille. — Soirées du
Parloir. — Action intime du P. Captier sur les Elèves.*

Le 14 août de l'année suivante, 1853, le
P. Lacordaire ramenait à Oullins sa colonie religieuse, et le lendemain il recevait
leurs premiers vœux dans la chapelle de l'E-
cole.

Deux jours après avait lieu la distribution
des prix ; on y entendit pour la dernière fois

M. Dauphin développer les *avantages de la vie religieuse appliquée à l'enseignement :* stabilité assurée par les vœux, dévouement fortifié par l'esprit de corps. C'était bien ce qu'avaient voulu pour leur œuvre les premiers fondateurs d'Oullins, et ce qu'ils avaient tenté d'assurer dans la mesure de leurs ressources (1); c'est ce qu'allaient réaliser leurs continuateurs, en fécondant de leurs sueurs le grain généreusement semé dans le champ où la Providence les appelait à leur tour.

Le Père Lacordaire répondit. Son discours, contrairement à la coutume de ces sortes de solennités, n'était pas écrit. C'était une im-

(1) « Nous avons senti de prime abord, écrivait en 1835 M. Dauphin, que les individualités sont bien faibles, bien transitoires surtout, tandis que l'association triple les forces et assure la permanence. Voilà pourquoi nous nous sommes constitués en association, qui nous lie les uns les autres à l'œuvre commune, met en contact nos idées et nos forces morales pour les faire concourir au même but, conserve et transmet comme un héritage de famille l'expérience de chacun de ses membres. » Les statuts de l'association première, établie entre les seuls directeurs, déclaraient (art. 11) qu' « aussitôt que la chose paraîtrait possible, on prendrait tous les moyens réguliers pour *fonder une congrégation religieuse* ».

provisation méditée au milieu des fatigues du voyage. Il trouva, pour s'en excuser, un mot d'une modestie charmante, qui définissait admirablement le don de la Providence, et dont l'expression mélancolique frappa son auditoire. « Pèlerin de la parole, s'écria-t-il, je la porte avec moi ..... »

Dans un langage à la fois plein de grandeur et de simplicité, il rendit hommage à l'esprit de la maison, et paya au nom de tous un juste tribut d'honneur et de reconnaissance à ses fondateurs. Faisant ensuite le tableau de la vie des futurs Dominicains-Enseignants, il leur traça leurs devoirs et leur indiqua la source où ils devraient puiser la force de les remplir sans défaillance. « On ne fait rien sans la foi, leur dit-il. Les fondateurs se reconnaissent à leur intrépidité devant l'avenir. »

Le Tiers-Ordre de Saint Dominique, ayant ainsi reçu son baptême et fait son entrée dans la vie active, les deux parrains qui lui avaient servi de caution allaient, sans l'abandonner entièrement, le laisser faire ses preuves de vitalité.

Le P. Lacordaire repartit presque aussitôt après cette installation, appelé à Toulouse pour préparer la fondation d'un couvent de Frères-Prêcheurs et y donner ensuite ses dernières conférences.

Il laissait le gouvernement de la petite Communauté entre les mains du P. Cédoz, nommé Prieur collégial (1).

Au mois d'octobre 1853, la rentrée eut lieu avec le concours des anciens directeurs qui purent ainsi présenter aux familles le nouveau Prieur et ses aides, peu connus en général de la clientèle d'Oullins. Au Carême suivant, M. Dauphin fut appelé à prêcher la station dans l'église de la Madeleine ; et, bientôt après, sa nomination au décanat du Chapitre de Sainte-Geneviève, le fixant à Paris, l'éloignait d'Oullins sans espoir de retour.

Il laissait ainsi, livrés à eux-mêmes, les nouveaux Directeurs. Il fallut alors à la jeune Communauté dominicaine toute l'intrépidité

(1) L'abbé Cédoz, arrivé à Oullins en 1847, devint, en 1849, directeur de l'*Externat de l'Enfance*, dont il sera question un peu plus loin, et conserva cette fonction jusqu'à son départ pour le Noviciat.

de la foi pour se tenir à la hauteur des difficultés de la situation. En effet, s'ils connaissaient assez bien le travail de l'enseignement, auquel ils s'étaient tous plus ou moins essayés, ils étaient à peu près novices dans l'administration et dans l'art de gouverner. Or, ils avaient à administrer une maison importante et à gouverner un personnel formé par d'autres mains; ils arrivaient un peu comme des réformateurs sans prestige personnel, connus seulement par une situation antérieure dans laquelle ils s'étaient trouvés les inférieurs de leurs subordonnés de ce jour. Au dehors, sans que l'impression fût absolument hostile, on observait avec une réserve proche de la défiance les résultats de ce changement de personnel et ses conséquences pour Oullins. Enfin, pour soutenir cet écrasant fardeau de travail et de responsabilité, ils n'étaient encore que quatre, et ils ignoraient absolument où et comment ils pourraient se recruter (1).

(1) La première recrue arriva seulement au mois de mai 1854. C'était le P. Lécuyer, depuis Vicaire-général du Tiers-Ordre enseignant.

Du côté de leur fondateur, ils trouvaient sans doute, dans l'observance religieuse, un soulagement pour leur conscience et une consolation à leurs sacrifices. Mais ce lien même, qui était toute leur force, devint à un moment, par la permission de Dieu, l'occasion d'une épreuve cruelle où l'avenir d'Oullins se trouva menacé d'un danger comparable à celui qu'avait fait courir le départ de M. l'abbé Lassalle. Ce douloureux épisode de l'histoire de notre collège, bien que d'une nature assez intime, est trop à l'honneur de ceux qui en soutinrent le choc, comme de celui qui le leur imposa, pour que nous ne le rapportions pas brièvement.

En 1854, à la suite de la station de Toulouse, une Société d'actionnaires possesseurs de l'Ecole de Sorèze en avait offert la direction au P. Lacordaire pour le Tiers-Ordre enseignant. La proposition ayant été acceptée, le Père, à la rentrée suivante, était venu prendre possession de l'Ecole et s'y installer avec quelques jeunes ecclésiastiques recrutés au grand séminaire de Lyon. En même temps qu'il gouvernait l'Ecole avec leur concours, il avait organisé dans ses vastes bâtiments un Noviciat distinct, vers lequel commencèrent à affluer les postulants, attirés par le nom du grand orateur. Touché de ce rapide succès, et frappé d'autre part des difficultés que rencontraient les Pères d'Oullins, il envoie un jour, sans préparation, au P. Cédoz l'ordre de résilier le contrat de cession (1), de rendre le collège aux anciens directeurs, et de le rejoindre à Sorèze où le Tiers-Ordre, en se concentrant, arriverait à un plus prompt développement. On imagine facilement la douloureuse stupeur où cette lettre plongea les quatre fondateurs du Tiers-Ordre, par qui la chère maison d'Oullins était à bon droit considérée comme le berceau providentiel de leur vocation. Avec un accord et une sagesse admirables, les Pères prirent le parti qui seul pouvait sauver leur œuvre, et dont les événements n'ont que trop justifié la prévoyante opportunité. Différant la réponse et suspen-

---

(1) Cette résiliation n'étant spécifiée qu'à l'avantage du vendeur, l'exécution de l'ordre du P. Lacordaire aurait présenté sur ce point un obstacle qu'il avait oublié de prévoir.

dant l'exécution du précepte imposé, ils le déférèrent, comme c'était leur droit et même leur devoir, au Maître-général de l'Ordre à Rome, le Révérendissime Père Jandel. Celui-ci, éclairé sur la situation et mis à même par son éloignement de la juger avec plus de froideur, apprécia la justesse des objections présentées par les Tertiaires. Par une double réponse, il leur intimait la défense de quitter Oullins et donnait au P. Lacordaire l'explication et les motifs de ce contre-ordre.

Donnant une fois de plus un admirable exemple d'obéissance et de renoncement à ses jugements, le Père ne montra à ses Fils aucun ressentiment ni aucune froideur de leur respectueuse résistance, jugeant par son propre cœur combien il avait dû leur en coûter de paraître oublier ses bienfaits et méconnaître sa paternité. Il ne resta donc aucune trace de cette fâcheuse alerte, si ce n'est un redoublement d'ardeur dans la jeune Communauté pour asseoir solidement l'œuvre encore une fois sauvée par la Providence.

La discipline et les études furent tout d'abord l'objet de quelques réformes commandées par les circonstances.

En 1849, M. Dauphin avait créé à Lyon, sous le nom d'*Externat de l'Enfance*, une succursale de son grand collège (1), pour recevoir les tout jeunes enfants que leur faiblesse ne permettait pas de soumettre au régime du pensionnat. La confiance des familles avait donné à cette institution un rapide accroissement. L'abbé Cédoz en était le Directeur ; et le jeune abbé Captier y avait fait son premier apprentissage de l'éducation. C'est à l'Externat qu'avait eu lieu en 1852 la première entrevue du P. Lacordaire avec les quatre futurs novices, déjà affiliés par le R. P. Hue au Tiers-Ordre séculier de Saint-Dominique. On y avait posé les bases de l'association projetée ; on s'y était livré généreusement à des essais de vie religieuse. Ce petit nid caché leur était précieux par ses souvenirs et par les promesses de bon recrutement pour Oullins, que

---

(1) Etabli en premier lieu sur le quai des Célestins, l'Externat avait été ensuite transféré au quai St-Antoine, dans la maison où se trouve actuellement une salle de concerts.

donnait une réunion d'enfants choisis, étudiés et préparés avec soin. Cependant, pour ne pas affaiblir leurs forces en les dispersant, les Pères, quelque temps après leur prise de possession, durent se résigner à la suppression de cette annexe, et concentrer leurs ressources sur le grand collège. Pour compenser l'inconvénient de cette mesure, on modifia le partage des élèves qui furent distribués en trois divisions au lieu de deux, ce qui permit d'avoir des enfants d'un âge plus tendre, et de combiner en leur faveur un régime plus doux, propre à ménager la transition des gâteries maternelles aux exigences de la vie scolaire.

Le bouleversement des programmes du baccalauréat, produit par le système hybride de la bifurcation (1), amena aussi un remaniement dans l'organisation des études classiques.

A Sorèze, on suivait depuis fort longtemps la méthode des professeurs de spécialité, avec une division des heures de classe encore plus fractionnée qu'à Oullins. Le P. Lacordaire,

______

(1) Sous le ministère de M. Rouland, en 1852.

dès son arrivée, y avait imposé les errements universitaires. Il voulut en faire autant pour l'Ecole Saint-Thomas d'Aquin, afin d'établir une certaine unité; et ce fut l'occasion d'une de ses apparitions trop rares et trop rapides au milieu de ses premiers enfants. C'est à la chapelle, selon sa coutume, qu'il fit la première annonce du changement, en évoquant, comme il aimait à le faire, ses propres souvenirs du collège de Dijon. Nous ayant ensuite réunis dans la grande étude, il entra dans le détail des modifications résolues par lui, et se complut naïvement à nous faire connaître le traitement attribué à chacun de nos maîtres et les pensions de retraite assurées à quelques-uns d'entre eux (1).

Cette transformation du personnel, des matières et des méthodes d'enseignement fut le point de départ d'une exigence plus grande

---

(1) Le P. Lacordaire termine cette allocution familière par l'annonce d'une décision tragique prise par lui à l'égard des habitants de la basse-cour de l'Econome. Ses malheureux volatiles, condamnés sans rémission, nous étaient servis le lendemain pour fêter la visite du Père, et nous en laisser un souvenir moins austère que celui des mesures qui concernaient notre travail.

dans les classes, sous la pression des programmes officiels. Jusqu'alors, en dehors des jeunes gens se destinant aux carrières libérales, un nombre assez restreint d'élèves demandaient aux examens universitaires la confirmation de leurs succès classiques. A Oullins surtout, la direction libérale des maîtres et la tendance éclectique des élèves inclinaient chacun à faire dans les diverses branches de la littérature ou des sciences le choix d'un objet plus particulier de son application, sans qu'il fût permis cependant de négliger le reste. Mais bientôt la mode s'en mêla, le baccalauréat devint la sanction à peu près obligée des études classiques, à laquelle on ne put se soustraire sans faire aveu d'infériorité. Nous ne discuterons pas ici les avantages et les inconvénients de ce fait ; il est certain toutefois que, pour la moyenne des intelligences, ce traitement rendait le travail plus pénible et moins attrayant.

Pour atténuer ces effets, et donner un nouveau stimulant à nos efforts en compensant l'aridité du travail classique, on nous annonça, au commencement de l'année 1857, l'établissement prochain d'une Société littéraire. Destiné à fomenter dans l'Ecole l'amour du travail et à développer le goût des lettres, *l'Athénée* devait se composer des meilleurs élèves des classes littéraires, choisis au scrutin des membres titulaires avec certaines conditions de succès classiques et de bonnes notes disciplinaires. Pour commencer, on proposa à tous les élèves, depuis la Troisième jusqu'en Philosophie, une composition proportionnée à la force de chaque classe. Il y avait à remplir douze places de membre titulaire et six de membre auditeur. Les concurrents furent nombreux; un jury de professeurs fut chargé de la correction et du classement des compositions, dont le résultat ne devait être proclamé que le jour même de la fondation de l'Athénée, le 8 février.

Le Père Lacordaire, qui s'était réservé à Sorèze la direction personnelle de l'Athénée, vint présider à la naissance de celui d'Oullins. Ce fut, on s'en doute bien, une de ces fêtes de l'esprit, comme savait les donner cette grande et lumineuse parole dont les enseignements étaient encore plus recherchés, depuis qu'ayant renoncé à la chaire chrétienne il ne les prodiguait plus qu'à ses enfants. Devant un auditoire aussi nombreux que le permettaient les proportions restreintes de la salle des Exercices, le Père, naturellement, parla des Lettres, développant l'excellence morale de ce culte des grands esprits de tous les temps, sa prééminence sur celui des Sciences, l'apaisement des cœurs et l'indépendance de caractère qui en sont les suites ordinaires. Rappelant d'un mot la querelle inutilement réveillée naguère contre les auteurs de l'Antiquité : « La religion du beau, dit-il, ne connaît pas d'exclusion ; elle est de tous les temps..... Homère et Virgile, dans ce qu'ils ont de complètement beau, ont été chrétiens avant l'heure et sans le savoir..... Les lettres font plus que des savants, des artistes et des poètes, elles font des hommes. *Esto vir*, disait David mourant à son fils Salomon, qui lui demandait un dernier conseil. Et vous aussi, jeunes gens, soyez des hommes. »

Un congé extraordinaire de deux jours compléta l'installation de la jeune société littéraire. Le Père Lacordaire, qui mettait à ces réjouissances une bonne grâce et une ardeur personnelles inexprimables, voulut, en conduisant lui-même les Athénéens à la Grande-Chartreuse, leur faire les honneurs de la délicieuse solitude de Chalais, où la jeune colonie dominicaine, à son retour d'Italie, avait trouvé son premier abri.

Revenu à la fin de l'année pour présider la distribution des prix, le Père eut la satisfaction de retrouver l'Athénée en pleine activité, d'entendre ses premiers travaux et de recevoir par l'organe de son président, l'assurance que sa pensée avait été comprise et serait fidèlement exécutée. Il confirma lui-même ses précédentes leçons par un magnifique discours sur l'*Honneur*, — le dernier qu'Oullins devait entendre de sa bouche, — résumé de ses sentiments et des règles de conduite qu'il s'efforçait d'inspirer aux générations de l'avenir, « pour se consoler, disait-il, des tristes apostasies de son temps ». L'honneur militaire et l'honneur civil, l'honneur dans l'exercice des carrières libérales et des professions manuelles, l'honneur commercial, passés en revue dans un émouvant tableau de chaque

position sociale, furent présentés tour à tour
à notre vénération et rapportés, comme à leur
cause suprême, à l'honneur par excellence,
l'honneur chrétien.

Nous ne nous étendrons pas davantage sur
l'Athénée, qui a déjà publié ses annales et une
partie de ses archives. Un peu plus tard, nous
le verrons complété par la petite Académie (1).

Ces fêtes de l'esprit et ces excitations stu-
dieuses rompant la monotonie de la vie de
collège, nous en adoucissaient le joug et nous
attachaient à notre Ecole et à nos maîtres.
Mais à eux-mêmes le fardeau ne se faisait pas
moins sentir. Comme le premier fondateur,
et plus hâtivement encore, le poids de la responsabilité obligea le P. Cédoz à chercher le repos d'une retraite prématurée. Se

(1) L'Athénée eut d'abord pour insigne une décoration en
argent et émail, formée d'une couronne de chêne avec
palmes entrelacées portant la devise : *Esto vir* Ce bijou,
dont l'exécution laissait à désirer, bien que l'idée en fût
assez heureuse, ne fut porté que par les premiers Athénéens.
On leur donna bientôt la contre-épaulette brodée d'or,
placée sur l'épaule gauche. Lorsque cette partie de l'uniforme fut devenu l'insigne de l'Institut, l'Athénée adopta
la rosette de rubans verts avec palmes brodées.

Il y eut aussi un Athénée des Sciences, créé le 3 juillet
1859, qui s'est fondu plus tard avec celui des Lettres.

refusant aux instances de ses frères pour le garder à leur tête à l'expiration de sa charge, il s'éloigna momentanément d'Oullins, après avoir remis ses pouvoirs au Père Captier rappelé de Sorèze pour lui succéder (1).

Ancien élève de M. Dauphin et le plus jeune des fondateurs du Tiers-Ordre, le P. Captier (2) a incarné à un degré éminent les deux éléments de cette institution, la vie religieuse et le dévouement à l'éducation. Dieu, qui le destinait à de rudes labeurs et à la plus glorieuse récompense, lui fit la grâce d'un esprit de foi sans restriction, d'une indomptable énergie et d'une puissance d'action bien supérieure à ce qu'on pouvait attendre de ses ressources naturelles. Une enfance souffreteuse, une jeunesse maladive avaient entravé

(1) Appelé d'abord à Sorèze pour y prendre du repos, le P. Cédoz fut ensuite envoyé à Bourges, revint à Oullins et fut nommé Prieur du couvent de Chalais, lorsqu'on y installa le noviciat du Tiers-Ordre.

(2) Le P. Captier est né à Tarare le 9 octobre 1829. Sur sa première enfance, son éducation et sur les dernières années de sa vie à Arcueil, après son départ d'Oullins, nous avons cru inutile de reproduire les détails qu'on peut trouver dans sa biographie publiée chez Baltenweck. (Paris).

d'obstacles douloureux sa culture intellectuelle et l'expansion de son caractère. Mais sa volonté, énergiquement orientée vers le devoir, compris de bonne heure comme l'accomplissement des desseins de Dieu, le fit triompher de tous ces obstacles, et justifier pleinement sa devise empruntée à l'audacieuse parole de saint Paul : *Omnia possum in eo qui me confortat.*

Il commença en modifiant les dispositions peu bienveillantes qui accueillirent son arrivée comme Prieur à Oullins. La confiance sympathique qui attachait à son prédécesseur la plupart des familles qui lui avaient amené leurs enfants se manifestait par des regrets hautement exprimés dont l'explosion, bien justifiée et très honorable pour la personne du P. Cédoz n'était pas faite pour faciliter la tâche du nouveau Prieur envers les élèves.

De leur côté, l'esprit critique et la prétention de tout soumettre à leur examen, se donnaient libre carrière pour discuter les capacités de leur Supérieur, et s'étonner de cette élévation étrange et inouïe pour eux de celui qu'ils avaient connu si peu de temps aupara-

Le R. P. CAPTIER

vant comme simple surveillant (1). Les professeurs eux-mêmes n'avaient pas vu sans surprise placer à leur tête ce religieux, encore si jeune, naguère à peine leur émule dans les fonctions les plus obscures de l'enseignement. Quelques-uns avaient été ses maîtres et, tout en rendant justice à son énergie et à ses vertus, pouvaient douter de ses aptitudes à la direction du collège, que ses précédents n'avaient pas encore mises en lumière. Quelques mois devaient suffire au P. Captier pour retourner à son avantage toutes ces préventions défavorables.

Mieux encore que personne, il se rendait compte à lui-même des côtés faibles et des lacunes de sa première formation. Mais, sans s'arrêter à d'inutiles regrets pour se dérober à la tâche présente, il fit face à la situation, se

(1) D'abord surveillant de la petite division, le P. Captier fut ensuite chargé de l'économat, puis il devint professeur de grec pour la cinquième, et enfin préfet d'étude de la grande division. En 1856, le P. Lacordaire le fit venir auprès de lui comme maître des novices et censeur de l'Ecole de Sorèze. Il remplit ces deux charges pendant environ dix-huit mois.

disant que si, à défaut d'une grande science acquise, il donnait généreusement tout son temps, toutes ses forces et toute son âme, Dieu lui devait de faire le reste ; et ce fut en effet toute sa tactique et son plan de gouvernement. A l'exemple de saint Paul qu'il avait pris pour guide et pour modèle, il se donna tout entier : « *Omnia impendam et superimpendar ipse.* »

Il se dégagea avec soin de toute occupation superflue, afin de pouvoir donner aux enfants dont il devenait le père, tout le temps que ne réclamait pas le strict acomplissement de ses devoirs religieux. Dès le matin, après la messe, sa porte était ouverte à tous, et il interrompait au premier appel son travail et sa correspondance, fermant le livre et déposant la plume pour accueillir le visiteur, quel qu'il fût. Grands et petits prirent bientôt l'habitude de venir déposer dans ce cœur paternel leurs chagrins, leurs hontes, leurs colères, et ces mille peines que font évanouir un mot du cœur, une parole de raison, tandis que les rebuts ou seulement l'indifférence les font se contracter, comme la plaie du soldat oublié sur le champ de bataille se ferme pendant la nuit pour se rouvrir le matin plus douloureuse et plus inguérissable.

Ce n'était pas assez d'attendre et de recevoir ceux qui se présentaient, il allait franchement au-devant de ceux qu'effarouchaient un peu ses dehors sévères; et, malgré la difficulté que lui donnait un premier abord un peu froid, il eut bien vite raison des défiances et des réserves, par cette bonté laborieuse dont on lui savait gré, parce qu'on en comprenait les sacrifices, et dont on ne songeait pas à abuser, quand même elle n'aurait pas été protégée par une dignité impossible à méconnaître et à braver.

Maître désormais de la situation, il pouvait compter sur l'affection de ses enfants, la confiance des familles et la déférence sympathique de ses collaborateurs. Appuyé sur le concours de toutes ces bonnes volontés, fort de sa mission d'éducateur, le P. Captier entreprit alors le redressement des petits désordres d'ensemble et des travers particuliers que la plus stricte vigilance ne peut empêcher de se produire à certaines occasions dans une réunion d'enfants. Dans les entretiens du dimanche, à la proclamation des notes hebdomadaires, à la prière du soir, il attaquait sans relâche les défauts écoliers ; la paresse et la grossièreté, la déloyauté et le mensonge, la futilité et les recherches sensuelles, l'ingratitude et le respect humain, étaient pris à partie et flagellés en quelques mots qui laissaient leur trace sur le délinquant et dans le souvenir des auditeurs. En flétrissant la faute, il cherchait aussi à relever le coupable, lui rappelant son devoir et la noble prérogative de sa liberté. A un élève qui abusait du genre bouffon dans ses plaisanteries il fit un jour cette mordante leçon : « Si vous entrez dans un magasin de la rue Impériale, pour douze sous vous avez un pantin grand comme un petit homme, qui fait des grimaces, mais qui n'a pas d'âme et pas de dignité. Vous, monsieur, vous avez une dignité et une âme, et vous faites des grimaces ! »

Un jeune humaniste avait refusé d'exécuter des ordres de son chef de section pendant le temps du gymnase, il le reprend en ces termes : « M. X... a besoin de gymnastique, quoiqu'il soit homme de lettres ; cependant il éprouve du dégoût pour s'exercer dans cet art et quand son chevalier (c'était le nom donné alors au moniteur) lui dit de faire de la gymnastique, il l'appelle *cafard*. M. X..., nous sommes tous des hommes d'années différentes; mais celui qui est revêtu d'une charge doit la remplir, et nous devons respecter cette charge quand même celui qui l'exerce ne serait qu'un enfant. » Un autre jour encore, à propos d'un livre déchiré, il nous enseignait le respect des choses et l'estime du travail : « Savez-vous ce qu'est un livre? c'est ce qui doit transmettre la pensée d'âge en âge ; c'est aussi le travail d'un ouvrier, ce qui lui fait gagner son pain. Toute destruction est vicieuse. »

S'il excellait dans ces admonestations quotidiennes à tirer de chaque détail un utile enseignement, sa parole n'était pas moins opportune et instructive dans les occasions plus importantes.

A la chapelle, où il se faisait un devoir de rompre à ses enfants le pain de la doctrine céleste, malgré le peu de loisir qu'il avait pour s'y préparer, ses discours, qui avaient d'abord

paru ternes et froids, en comparaison des accents colorés et pleins de chaleur auxquels ses
prédécesseurs avaient habitué les échos d'Oullins, ne tardèrent pas à éveiller la curiosité
des plus grands élèves, séduits et bientôt entraînés par des idées larges et nobles, et des
points de vue inaccoutumés.

Le P. Captier, ayant été employé tout d'a-
bord dans la discipline, ne pouvait négliger
cette partie de l'éducation, dont la bonne organisation doit prévenir les fautes plus encore
que les réprimer. Dans cet ordre de choses,
il entreprit la rédaction d'un règlement très
précis, très clair et suffisamment détaillé, qui
plus tard servit de base au règlement général
des Ecoles du Tiers-Ordre. Jusque-là, bien
qu'on eût conservé une grande entente et une
grande homogénéité dans l'exercice du gouvernement et dans la répression des fautes,
l'appréciation du maître et la décision personnelle du supérieur pouvaient être trop facilement suspectées et mises en cause. En se liant
les mains dans une certaine mesure par la pu-
blication d'une règle promulguée et appliquée,
le supérieur, sans rien perdre de son autorité,

dégageait sa personne et celle de ses auxiliaires
de tout soupçon d'arbitraire et de partialité.
Le recours hiérarchique était d'ailleurs maintenu ; mais le Père ne permettait jamais qu'il
en pût résulter quelque amoindrissement du
respect et de l'influence du maître, quel qu'il
fût. Son tact, sa douceur et sa fermeté faisaient
accepter à l'enfant la punition la plus dure
comme expiation de sa faute avouée ou lumi-
neusement démontrée. L'adoucissement, s'il
était jugé utile, venait ensuite comme une
concession du maître, non comme une vic-
toire de l'élève ou un caprice du supérieur.

Le règlement n'avait pas seulement pour
but de fixer l'ordre des exercices, les attribu-
tions des maîtres et la sanction nécessaire
pour les diverses fautes selon leur gravité, il
déterminait aussi les moyens d'émulation,
l'échelle des récompenses et les conditions re-
quises pour y arriver. Le *tableau d'honneur*
est le premier degré de ces distinctions ; il est
indispensable pour aspirer à toutes les faveurs
ou situations privilégiées dans l'Ecole. Accessible à tout élève de bonne volonté, l'inscription en est mensuelle et non pas basée exclu-

sivement sur la valeur absolue des notes, mais discutée en conseil des maîtres. Au-dessus du tableau d'honneur, le *certificat d'excellence*, accordé aux élèves les plus méritants de toutes les classes, est une marque de confiance, ambitionnée non seulement pour sa valeur intrinsèque, mais pour les privilèges qu'elle confère pendant un mois à son heureux possesseur : la faculté de passer une partie des récréations dans le parc en dehors de la surveillance officielle, et l'exemption des punitions ordinaires jusqu'à ce qu'on ait démérité.

Pour compléter les sociétés religieuses et littéraires en y faisant participer les plus jeunes élèves, le Père Captier institua, le 8 décembre 1858, la confrérie de Notre-Dame-des-Anges, dont les membres, élus parmi les enfants de la moyenne et de la petite division, s'engagent à honorer particulièrement la très sainte Vierge et à concourir à la solennité des cérémonies de la chapelle.

La *Petite Académie*, recrutée dans les mêmes classes, fut établie l'année suivante, et présentée pour la première fois en public à la Saint-Thomas. Dans le discours d'inauguration, le Président (1) s'inspirant du charmant apologue de l'Académie silencieuse d Amadan, rappelait que le premier article de ses statuts était conçu en ces termes : Les académiciens penseront beaucoup, écriront peu, et ne parleront que le moins qu'il leur sera possible (2). « *Dans la nôtre, d'Académie,* continuait-il, *c'est tout à fait la même chose, seulement que ça sera tout le contraire, on n'y pensera pas beaucoup, on y écrira encore moins, mais on y parlera le plus possible.....* » On peut juger si cette spirituelle saillie agrémentée de l'accent provençal, enleva les applaudissements des parents et des anciens élèves, où se trouvaient, en nombre respectable, les compatriotes de l'intéressant orateur. Séance tenante, la Petite Académie voulut se donner un confrère parmi les Oullinois du premier âge, en conférant ses insignes à M. Anatole Rondel, déjà décoré des palmes de l'Athénée des Lettres et de celui des Sciences ; et ce choix sympathique fut

(1) M. Léonce Fabre.
(2) Ce morceau, donné par les recueils de littérature, est trop connu pour que nous complétions la citation.

confirmé par les acclamations de toute l'assistance.

Mais la création la mieux accueillie des élèves appelés à en bénéficier, et la plus profitable aussi, selon nous, sans déprécier les autres, au développement du bon esprit d'Oullins, ce fut celle de *l'Institut*. Par cette sorte de couronnement de la hiérarchie scolaire, le P. Captier reprenait une pensée ancienne de M. Dauphin, qui n'avait pu donner tous ses fruits dans les applications intermittentes qu'on en avait faites jusqu'alors (1).

Emprunté comme l'Athénée à l'Ecole de Sorèze, où le P. Captier l'avait vu fonctionner admirablement sous l'impulsion personnelle du P. Lacordaire, l'Institut est

______

(1) M. Dauphin, dans son discours de 1841, annonçait la création d'une section de vétérans, pour les jeunes gens qui, après avoir terminé leurs classes, voudraient compléter leurs études. A diverses reprises, quelques anciens élèves vinrent jouir de ces privilèges et de cette demi-liberté favorables au travail de la vingtième année. Bien que ce régime n'eût jamais reçu d'organisation régulière et dût s'appliquer après l'achèvement des études classiques, il peut être considéré comme le germe de L'Institut.

une division privilégiée de douze élèves choisis dans les classes de Philosophie et de Rhétorique par le Prieur en son conseil. Emanation de la vie de famille, cette institution a pour but de préparer graduellement le jeune homme à sa liberté future, d'atténuer le péril d'un trop brusque changement de température morale et d'en ménager la transition. Les membres de l'Institut ont une salle d'études à part, où se tient habituellement, à titre de mentor bienveillant plutôt que de surveillant officiel, un maître qui porte le titre de Président et peut d'ailleurs s'absenter un instant en déléguant ses pouvoirs au doyen, lequel n'est pas toujours le plus âgé ni le plus ancien dans l'Ecole, mais le plus méritant au jugement des maîtres et des condisciples. Celui-ci a pour devoir de prévenir par son exemple et sa sollicitude les oublis et les négligences de ses camarades, de les rappeler à l'observation du règlement, et d'avertir le Prieur des manquements qu'il a constatés. Les élèves de l'Institut prennent leurs repas dans un réfectoire séparé, en compagnie d'un de leurs maîtres qui s'assied à leur table et fait revivre sur ce point l'ancienne tradition qui n'a pu être conservée pour le reste des élèves. Pendant les récréations, l'Institut a la jouissance de l'enclos, à l'exception de quelques parties réservées, et y prend ses ébats sous la garde de la conscience de chacun et l'autorité du doyen.

En retour de ces privilèges et de ces adoucissements de la vie commune, on demande à ces jeunes gens, traités presque comme des hommes, la promesse d'observer le règlement et l'engagement *de promouvoir, selon leurs forces, le bon ordre et l'honneur de l'Ecole.* Dire que ces promesses n'ont jamais été violées et que l'engagement fut toujours exécuté de tous points par tous les membres de l'Institut, serait énoncer un fait incompatible avec l'infirmité de la nature, chez l'homme, hélas ! non moins que chez les enfants et les jeunes gens. Il est impossible de ne pas reconnaître néanmoins que cette confiance bien placée de la part des maîtres, cette intimité plus grande avec eux, cet appel aux sentiments de l'honneur, de la loyauté et du respect de soi, constituent, quand on peut en user, les meilleurs adjuvants de l'éducation, et nous croyons que l'expérience faite à Oullins a été en somme une confirmation heureuse de la théorie. Ce fut le 29 janvier 1859, le jour de sa fête, que le P. Captier inaugura l'Institut, La séance commença par la lecture de deux devoirs d'Athénée (1). Le Père prit ensuite la parole pour expliquer le but et l'organisation de l'Institut. Puis, faisant venir devant lui les nouveaux élus, avant de prononcer la formule d'admission, il rappela à chacun, avec une ingénieuse délicatesse, ses mérites anciens ou plus récents dans l'Ecole. A l'un, une conduite constamment irréprochable et un travail soutenu, à l'autre des succès mérités ; à celui-ci, sa ténacité dans l'effort, à celui-là, les qualités de caractère qui le faisaient aimer de tous ; louant chez d'autres le dévouement pour les pauvres, la docilité aux conseils, la fidélité aux exemples laissés par d'anciens membres de leur famille ; sachant trouver enfin dans la connaissance particulière qu'il avait

______

(1) *Discours sur l'Egoïsme*, par M. Alfred Peillon, président ; et *Relation du congé de la Grande-Chartreuse*, par M. Joseph Girard.

de chacun de ses enfants, non seulement la justification de son choix, mais le motif de ses espérances pour l'avenir (1).

A qui s'étonnerait de ces louanges données publiquement à des vertus si fragiles encore et contrastant parfois avec des reproches assez récents, le P. Captier eût répondu par cette explication d'une admirable et prévoyante sagesse : « La bienveillance est une clef qui ouvre presque tous les cœurs. Elle aide d'abord à connaître l'enfant. Nul, en effet, ne découvre la vertu secrète d'une âme s'il n'a su auparavant la supposer. Chaque âme a son trésor enfoui que rarement le hasard suffit à mettre au jour. Pour découvrir ce trésor, il faut creuser en elle avec un effort persévérant, et cet effort n'est possible qu'à ceux qui savent deviner et espérer par bienveillance. »

Enfin, au terme de ses études, une suprême et rare distinction est réservée à l'élève

(1) Voici, dans l'ordre de leur nomination, les membres fondateurs de l'Institut : MM. Alexandre Paillasson (1er doyen), Alfred Peillon, Melchior Borel, Edouard Allegret, Louis Neyron des Granges, Arnould Locard, François Perrin, élèves de Philosophie, et Louis Ravut, élève de Rhétorique.

qu'Oullins juge digne de lui rester attaché par un lien définitif et solennel. Nommé au sortir de l'Ecole ou après quelque temps d'essai de sa liberté nouvelle, l'*Etudiant d'honneur* (1) fait désormais partie intégrante de la famille d'Oullins. Invité de droit et officiellement à toutes les fêtes, il peut, sans se croire indiscret venir déposer pour quelques jours auprès de ses anciens maîtres, le poids de ses premiers soucis. Mais ce n'est là qu'un aspect de cette institution et le moins essentiel, puisque tout ancien élève reçoit gracieusement une hospitalité aussi complète et un accueil aussi empressé que ceux qui sont assurés par droit à l'Etudiant d'honneur. Par ce titre significatif, les maîtres qui l'ont décerné veulent surtout exprimer l'espoir qu'ils fondent sur les meilleurs d'entre leurs enfants. Ils font entendre aussi qu'ils ont compté sur leur inébranlable persévérance dans le bien, et qu'ils en attendent pour les générations d'Oullins un exemple et un lustre nouveau.

C'est encore dans le but de resserrer le lien

(1) On trouvera à la fin de cette notice la liste complète des Etudiants d'honneur nommés jusqu'à présent.

et la solidarité de l'éducation commune, et d'en étendre l'effet à un autre ordre d'intérêts, que le P. Captier se fit le promoteur de l'*Association des anciens élèves*, fondée le 18 juillet 1859, à la fête de saint Thomas. Cette réunion, si chère à tous les Oullinois, s'était trouvée un peu délaissée dans les premières années de la nouvelle direction. Mais lorsqu'on vit que rien n'était changé de l'esprit véritable des premiers fondateurs, le concours redevint aussi nombreux. Attirés personnellement par la présence de leur ancien condisciple à la tête de l'Ecole, les contemporains du P. Captier donnèrent l'exemple et furent les zélés propagateurs de l'Association. Ils applaudirent aussi à l'heureuse pensée du Père de faire participer au banquet fraternel les élèves présents qui, jusque-là, n'y avaient été associés que d'intention... et de regret. La Saint-Thomas devint ainsi, alors plus que jamais, une vraie fête de famille où les aînés apportèrent à leurs jeunes camarades une leçon d'attachement et de fidélité que ceux-ci reconnaissaient par le tribut de leur joyeux empressement à acclamer les Anciens. Remarquons à ce propos, et une fois pour toutes, le caractère d'unité et de suite qui a toujours distingué et honoré la direction d'Oullins. Le P. Cédoz et le P. Captier furent les continuateurs pieux de M. Dauphin et de ses premiers collaborateurs. A leur suite, les Prieurs successifs d'Oullins, imprégnés de ces traditions, ont religieusement cultivé et accru cette semence de générosité et de dévouement.

« En faisant à Oullins le berceau du Tiers-Ordre, a pu dire le P. Captier, nous devenions à l'égard de nos prédécesseurs, une postérité méritée par leur esprit de foi, et une récompense terrestre servant à honorer devant les hommes les dévouements providentiels. »

Ne reconnaît-on pas, en effet comme un écho des épanchements auxquels se complaisait M. Dauphin, dans cette confidence des sollicitudes de l'éducateur adressée par le P. Captier aux mères de ses élèves?

« Mesdames qui m'écoutez et qui êtes mères, c'est pour la plupart d'entre vous un jour bien douloureux que celui qui consomme l'entrée de votre fils au collège. Quand vous venez, craintives et irrésolues, nous parler de ce cher petit être qui ne vous a pas quittées; quand vous essayez de verser de votre cœur dans le nôtre cette autorité venue de Dieu même, qui vous est à la fois une épreuve et un incomparable bonheur; oh! que de luttes dans votre conscience! Le devoir vous commande une confiance que tous vos instincts de mère repoussent. La raison et la sensibilité se livrent un combat secret tant que durent ces entretiens glacés dont la politesse et la prudence choisissent tous les mots ; puis bientôt la lutte, brisant l'obstacle, se trahit au dehors, et votre sollicitude de mère parle enfin ce langage qui n'appartient qu'au plus pieux et au plus saint des sentiments de la nature. Quelle tentation pour vous, Mesdames, d'oublier en cet instant les graves motifs qui ont amené l'épreuve de la séparation ! Combien l'école et le collège doivent vous paraître tristes ! Combien l'instituteur doit vous glacer quand il cherche à soulager votre douleur! car il n'a jamais connu que l'écho du cri de la tendresse maternelle. Plaignez-nous donc un peu, Mesdames, d'inaugurer notre ministère par des scènes où nous sommes impuissants, et qui menacent de blesser la sensibilité délicate et irréfléchie de l'enfant. Elevez vos cœurs, fortifiez-vous par quelque pensée généreuse avant que sonne l'heure du chagrin. Dieu vous a rendues mères, Dieu est le maître des cœurs; il peut nous incliner à la tendresse, nous aussi, et nous faire ainsi les dignes héritiers de votre sollicitude.

« Que je vous confie un sentiment que j'ai toujours éprouvé : l'enfant que vous nous amenez ne nous semble jamais inconnu, surtout il ne nous trouve jamais indifférents. Voilà le petit envoyé du bon Dieu, disons-nous tout bas; Dieu qui, par des voies secrètes, gouverne les pensées des hommes, Dieu nous l'a choisi; il nous prépare les moyens de lui faire du bien. La volonté de Dieu, que nous aimons, établit entre l'enfant et nous une parenté spirituelle. Chaque nouvel arrivé a de la sorte une place marquée dans nos affections; il agrandit le cercle de notre famille. Notre regard alors, guidé par une pieuse sollicitude et par une tendresse mêlée de curiosité, s'attache à lui et le suit partout, jusqu'à ce que nous ayons pénétré le secret de sa vie morale. Voilà le vrai commencement de notre ministère. »

Atténuer les rigueurs nécessaires et inévitables du collège en y mêlant tout ce qui pouvait rappeler la vie de famille, était la préoccupation constante du P. Captier. Dans le choix des distractions procurées aux élèves, il cherchait à se rapprocher de cet idéal. Les souvenirs de Sorèze lui suggérèrent encore une heureuse importation, dont la forme un peu modifiée s'accommoda très bien au tempérament d'Oullins. Les élèves des trois divisions choisis pour leur mérite ou désignés par les distinctions dont nous avons parlé, furent invités à certains jours à des *Soirées*. Ce nom nullement écolier et même un peu mondain, le parloir bien éclairé remplaçant la salle d'étude pour rappeler le salon de famille, auraient presque suffi à épanouir ces jeunes visages et à leur rendre ce délicieux sourire que l'appareil forcément austère du collège éteint dans leurs yeux et glace sur leurs lèvres. Dans cette disposition préalable, il n'était pas besoin de grands frais pour occuper des instants toujours trop courts ; un peu de musique, des chants, des jeux, des causeries, y suffisaient abondamment. Dans les intervalles, des groupes se formaient autour des maîtres, familièrement mêlés à toute cette jeunesse. Le Père allait de l'un à l'autre, les animant d'un trait d'esprit, les égayant d'un sourire, d'une caresse, enveloppant dans la plaisanterie parfois un compliment mérité, plus souvent une fine malice, qui visait un petit défaut de caractère et l'atteignait plus sûrement que les reproches officiels. Le lendemain et les jours suivants les incidents de la soirée défrayaient abondamment les conversations ; et les esprits se trouvaient ainsi préservés de ces rêveries malsaines qu'engendrent le désœuvrement et le vide de l'imagination.

Pour compléter ce rapide tableau des actes du P. Captier à Oullins, il nous resterait à le montrer dans les rapports intimes avec ses élèves, comme directeur de conscience, et à faire connaître le saint qui déjà préludait au martyre en donnant aux âmes le plus pur de sa vie *pour le bon Dieu* (1).

(1) « Il faudrait avoir passé par le martyre et sacrifié sa

Après une journée remplie d'activité extérieure, il consacrait une partie de sa veillée à relever quelque pauvre enfant découragé et meurtri de ses chutes, et à l'endurcir aux luttes de la vertu par l'exemple contagieux de sa propre générosité. Chaque fois qu'il se trouvait en face de ces jeunes insoumis que leur faiblesse même rend si difficiles à dompter, on eût dit qu'il se ramassait, pour ainsi dire, dans une armure spirituelle, se revêtant de foi, de confiance et de charité, pour pénétrer jusqu'à ce dernier retranchement du cœur où Dieu se garde toujours un accès. Que de victoires sans éclat, mais non sans gloire pour le ciel, ont couronné ces combats admirables où la défaite était le salut du pauvre blessé !

Cette influence par la vie surnaturelle fut un des grands secrets de la puissance du P. Captier. Si tous les élèves ne furent pas appelés à en profiter habituellement (quelques-uns n'ayant jamais pu surmonter la crainte respectueuse que le Père inspirait plus qu'il ne

vie, pour être un éducateur parfait. » Paroles admirablement prophétiques du P. Captier dans un de ses discours.

l'aurait désiré), tous en étaient indirectement atteints. L'opinion, qui n'est pas moins tyrannique au collège que dans le monde, avait d'abord quelque peu raillé ces *sages* qui ne se contentaient pas de bien remplir leurs devoirs religieux et scolaires, mais cherchaient encore à entraîner les autres à leur suite : elle devint bientôt respectueuse à leur endroit et sympathique à leurs efforts. Grâce à Dieu ! le mal et la corruption n'ont pas seuls le monopole de la séduction des jeunes cœurs ; aussi vit-on des têtes légères, prises à ces amorces désintéressées de la piété et du zèle, rechercher la compagnie des meilleurs, autant pour l'attrait qu'inspire toujours la vertu franche et loyale, que pour se faire communiquer quelque chose de cette satisfaction joyeuse et de cette sérénité qu'ils jugeaient préférables au vide et au trouble de la paresse et de la dissipation.

Ces résultats si consolants étaient pour le P. Captier une douce et légitime récompense de sa peine ; il en bénissait Dieu sans y attacher son cœur trop fortement, sachant qu'il devait le garder libre pour suivre les appels de la grâce et de l'obéissance religieuse.

Il commençait à sentir à son tour l'usure rapide du labeur incessant et des sollicitudes parfois si poignantes d'un supérieur. Sa santé toujours précaire le servait assez mal pour en soutenir le fardeau. A l'expiration légale de sa charge, il fût volontiers revenu à la vie de simple religieux, mais il dut accepter un renouvellement de pouvoir. Avant même d'être arrivé au terme il allait, après un repos trop court et trop incomplet, recevoir une mission hérissée de difficultés au début, et où l'attendait, après un succès arraché de haute lutte par son indomptable constance, la récompense incomparable que ne sauraient payer des mérites humains mais que peut acquitter pleinement le sang versé au nom de Jésus-Christ.

# CHAPITRE V

*Mort du P. Lacordaire; ses conséquences pour le Tiers-Ordre. — Projet de fondation et démission du P. Captier.—Le P. Jourdan le remplace. — Sentiments qu'il cherche à développer chez ses élèves. — Prospérité et succès d'Oullins. — Priorat du P. Mouton. — Guerre de 1870; siège de l'Ecole. — Les deuils d'Oullins. — Second Priorat du P. Jourdan. — Les décrets de 1880. — Nomination du P. Crapelet. — Transformation de la propriété de l'Ecole.*

Le 21 novembre 1861, le P. Lacordaire s'éteignait à Sorèze. Prévenus au dernier moment, le P. Captier avec quelques Pères d'Oullins avaient eu la consolation d'entourer son lit de mort, et de lui rendre les derniers devoirs. Quelques mois plus tard, une crise douloureuse, dont l'origine devait être pieusement voilée par respect pour la sainte mémoire du fondateur, obligea le Tiers-Ordre à quitter précipitamment le tombeau à peine fermé de celui qu'il pleurait encore, et à se réfugier à Oullins. Le P. Captier, revenu à son poste aussitôt après les funérailles, fit à ses Frères exilés du lieu de leurs travaux l'accueil le plus affectueux et le plus propre à adoucir l'amertume de ce brusque départ. Le concours de quelques-uns de ces religieux devenus disponibles profita à l'Ecole en soulageant ceux dont ils partagèrent les travaux, tandis que les plus jeunes furent réunis au couvent de Chalais qui devint le lieu de noviciat du Tiers-Ordre.

Mais un seul collège parut insuffisant pour bien utiliser l'activité de tous les membres d'une congrégation appelée, on devait l'espérer, à recevoir sa part des bénédictions promises aux ouvriers évangéliques.

Pendant les vacances qui suivirent l'abandon de Sorèze, les supérieurs du Tiers-Ordre résolurent, en principe, la fondation d'une école dans les environs de Paris.

A la suite de cette décision, le P. Captier, relevé de sa charge de Prieur d'Oullins, au mois de février 1863, se retira à Chalais pour réparer ses forces dans la retraite, et commencer bientôt les démarches nécessaires à l'exécution du dessein projeté.

Son successeur fut le P. JOURDAN, qui professait l'histoire à Oullins depuis trois ans (1). Le nouveau Prieur n'apportait donc pas à ses administrés un visage inconnu. Néanmoins, les commencements de sa tâche, bien qu'aplanis par une installation *ex abrupto*, au milieu de l'année scolaire, afin d'éviter les longs commentaires des vacances, ne furent pas sans difficultés. Dans ses fonctions precédentes, s'il avait fait apprécier l'élévation de son caractère et son dévouement, s'il avait, par son inflexible droiture, inspiré aux élèves la crainte respectueuse qui est le fondement indispensable de l'autorité, il n'avait pas rencontré jusque-là les occasions

(1) Entré dans le Tiers-Ordre en 1856, le P. Jourdan fut envoyé l'année suivante à Bourges, dont le petit séminaire avait été confié aux Dominicains par le cardinal Dupont. De là, il vint à Oullins en 1860.

de montrer qu'il pouvait aussi se faire aimer.

Elles se présentèrent d'elles-mêmes, et son cœur les saisit avec empressement, dès qu'il fut revêtu de cette paternité plus complète qui lui faisait un devoir, comme un droit de développer autour de lui et d'exprimer les affections contenues par une réserve modeste et défiante de ses ressources sur ce point. Ses enfants apprirent en peu de temps à pénétrer dans ce trésor qui leur était ouvert sans restriction, et à y puiser sans craindre d'en tarir la source, alimentée par un rigide attachement au devoir professionnel et à l'obéissance religieuse.

Homme de règle, fortement imbu du principe d'autorité, le Père n'avait pourtant recours à la contrainte et aux mesures extrêmes qu'après avoir épuisé à l'égard des récalcitrants les ressources de la persuasion morale et mis en œuvre toutes les influences combinées du temps et de la patience, comptant avec raison sur les retours salutaires qui s'opèrent, plus souvent qu'on ne croit, par le travail spontané d'une conscience d'enfant traitée avec respect.

Ce respect bienveillant, cette haute justice dans le maniement des âmes, qui inspiraient toute la conduite du P. Jourdan, le portaient à développer avant tout, chez ses élèves, les vertus naturelles qui doivent correspondre à ces sentiments, et qu'il prétendait honorer ainsi dans leur naissante manifestation, c'est à dire *l'indépendance et la dignité personnelle.* C'est le titre de son premier discours de distribution des prix, où il explique toute sa pensée sur ce sujet intéressant : « Nous l'avouons sans détours, accoutumés à vivre au milieu des jeunes gens, épiant en eux les germes qui promettent des fruits à l'avenir, nous y voyons sans effroi naître le sentiment de l'indépendance, nous le saluons comme un auxiliaire désiré, une force précieuse qui prélude ordinairement à l'éveil complet de la conscience, à l'idée de la responsabilité et du devoir. C'est un moment décisif où cette âme reçoit pour ainsi dire une arme nouvelle, mais ignore encore l'art de s'en servir. C'est précisément l'art qu'il faut lui enseigner et dont son devoir va dépendre. Selon que l'adolescent comprendra bien ou mal l'indépendance de l'homme, sa vie sera laborieuse, honorable et utile ou désœuvrée, méprisable et stérile.

« Dans notre société moderne qui rejette superbement les traditions et les habitudes chrétiennes, la véritable indépendance est plus rare qu'aux siècles de foi, et se laisse égarer et pervertir par les sophismes de l'opinion; de là aussi le respect humain, ce grand écueil des faibles. Pour en briser la chaîne, il faut exciter dans notre âme cette vaillance extérieure qui l'élève au-dessus d'elle-même. » Et voici le secret de cette force, dévoilé par le double enseignement de l'histoire et de la philosophie : « N'écartez jamais Dieu de l'horizon de votre pensée, servez-le publiquement et hardiment, vous rappelant que la véritable indépendance consiste à lui obéir à Lui plutôt qu'aux hommes. »

Une gloire de l'éducation d'Oullins (nous osons nous servir de ce mot), c'est, à l'encontre de certaines accusations malveillantes et mal fondées, d'inculquer fortement à ses élèves le but pratique de la vie, en le montrant comme indispensable à la réalisation de l'idéal de beauté et de grandeur morale qui séduit toute âme pure et généreuse. Parmi les jeunes gens sortis de cette Ecole, il en est peu qui se dispensent d'embrasser une carrière active ou de consacrer les loisirs de leur situation privilégiée à quelque œuvre de propagande sociale ou de charité. Nous avons déjà vu M. Dauphin traiter devant son auditoire de fin d'année la question *du choix d'un état*. Le P. Captier en faisait souvent l'objet de ses conseils particuliers, apportant en cette matière délicate la lumière de sa foi, et sa réserve devant le rôle primordial de la famille. A son tour, le Père Jourdan aborda ce sujet dans le discours de 1866. En même temps qu'il se révèle éducateur et psychologue dans l'originalité de sa pensée, il se montre, par la délicatesse et l'élévation des vues, en parfaite communion d'idées avec ses prédécesseurs. Analysant les indices qui peuvent déterminer une vocation, il veut qu'en tenant compte, dans une juste mesure, des considérations de famille et de fortune qui servent à guider un choix, on se mette en garde aussi contre l'entraînement fâcheux qui peut résulter de ces avantages. Il demande que les circonstances des temps où l'on vit et du pays qu'on doit servir ne soient pas méconnues. Craignant ensuite que son auditoire chrétien ne lui imputât un oubli coupable ou une omission calculée des vocations les plus saintes, il fait du sacerdoce cette peinture émouvante et convaincue :

« Oui, Messieurs, au-dessus des signes que nous énumérions tout à l'heure, il existe une impulsion secrète et irrésistible qui incline certaines âmes vers le sacerdoce. Si je ne l'ai pas mise au premier rang, c'est qu'elle échappe à l'analyse et au pouvoir des hommes. Le jour où, prosternés sous la main du pontife, nous recevons à sa voix l'esprit qui donne la puissance redoutable de lier et de délier, tout nous dit que notre part dans ce choix est petite, et que tout nous vient au nom et par la grâce de Jésus-Christ. C'est elle aussi qui donne aux mères la force d'accomplir leur sacrifice. En voyant parmi les fils qui les entourent celui qui s'éteindra sans faire revivre leur nom ni leur image, leur cœur se serre, mais il pressent d'ineffables consolations. Ces consolations viennent bien vite au milieu des amertumes du monde, mais elles abondent surtout à cette heure suprême où nous appelle le Dieu qui rend au centuple le verre d'eau que nous donnâmes en son nom. Quand la mère de saint François de Sales réunit ses enfants pour les derniers adieux, ses regards déjà voilés par la mort les distinguaient à peine. Elle étendit sa main tremblante pour chercher François parmi ses frères ; puis, l'attirant doucement, elle caressa son visage et pressa sa tête contre son sein en disant : « Celui-ci est mon fils et mon père. » Courtes et belles paroles qui nous montrent l'amertume du sacrifice vaincue par un sentiment où l'amour de la mère se mêlait à la vénération de la chrétienne, sentiment que vous pouvez comprendre, Mesdames, mais que je suis impuissant à nommer. » Ces grandes lignes de l'éducation n'absorbaient pas l'attention du P. Jourdan et ne lui faisaient négliger aucun détail utile. Ne se ménageant pas lui-même, il pouvait demander et obtenir beaucoup de ses collaborateurs. Aussi, en sortant de charge (1868), il laissait Oullins à son plus haut période de prospérité, comme nombre d'élèves, comme bon esprit à l'intérieur, et comme succès aux examens universitaires.

Son discours de fin d'année sur l'*emploi des vacances* paraît se ressentir de l'avant-goût d'un repos bien mérité pour lui-même. Une alerte et vive peinture des plaisirs de la chasse y trahit les goûts de jeunesse du montagnard alpin : « Et qui de vous peut oublier, dit-il, la grande ambition de l'écolier de seize ans : posséder une arme, un fusil, le recevoir des mains de son père comme la preuve d'une confiance qui grandit, comme les prémices d'une prochaine indépendance ? Pour moi, j'ai appris à ne rien négliger de ce qui rend fort et hardi, et si des considérations dont vous restez juges, si la paresse ou l'imprudence ne sont pas un obstacle à ses vœux, accordez à votre fils cette récompense. Qu'il puisse s'arracher de son lit quand tout repose encore autour de vous, et partir en fredonnant la joyeuse chanson du chasseur. J'aime à le voir alerte et vif gravir la montagne, les pieds dans la rosée, devancer sur les sommets les premiers rayons du jour, écouter les cris lointains des chiens ardents à la poursuite,

respirer à pleine poitrine les parfums du matin qui sortent des forêts et des prairies, s'eni-
vrer de cette liberté qui n'est point dange-
reuse et qui est si chère à son âge. Il s'arrête
au bord du torrent pour prendre un repas
frugal et rapide. Il est sobre sans y penser, et
il apprend à dédaigner les mets délicats et su-
perflus. Le soir, il revient près de vous, quel-
quefois chargé d'une proie qu'il vous montre
avec orgueil, plus souvent l'ayant poursuivie
sans l'atteindre : image trop véritable des am-
bitions qui rempliront sa vie sans qu'il puisse
les réaliser. »

« Ces rudes exercices étoufferont dans son
âme les désirs malsains, les molles rêveries ;
ses membres deviendront souples et robustes.
Ce n'est pas nous qui nous plaindrons quand
vous le ramènerez sous notre garde ; ce
teint hâlé, ce regard assuré, franc et pur nous
diront assez que vous l'avez soustrait à cette
atmosphère énervante des villes, où tant
d'autres vont chercher des plaisirs factices et
des distractions ruineuses. »

Charmé de rencontrer sur ces lèvres aus-
tères l'indulgente approbation de ses plaisirs,

le jeune auditoire n'en fut que mieux disposé à recueillir les avis plus graves qui terminent ces pages, et à exaucer le souhait qui en fait la conclusion : « Parmi les grâces que nous demandons à Dieu pour ces enfants, l'une des plus chères et des premières, c'est qu'il leur soit donné de faire de la France le premier des peuples libres comme le premier des peuples chrétiens. » (1)

Nommé Prieur et maître des novices à Coublevie, le P. Jourdan, en se rapprochant de ses montagnes, se réjouit de n'être pas trop éloigné d'Oullins où de fréquentes occasions pouvaient le rappeler au milieu de ses anciens élèves. Ceux-ci, à leur tour, apprirent bientôt le chemin de sa retraite, et plusieurs vinrent lui demander encore ses encouragements et ses conseils.

Elève de M. Dauphin, comme le P. Captier,

______

(1) Cette préoccupation de la grandeur de la France se trahissait en toute occasion dans les allocutions et dans toute la direction du P. Jourdan. On retrouvera l'écho de ce sentiment dans les paroles aussi élevées qu'émues dont on a essayé de reproduire quelques accents dans le récit de la Bénédiction du Drapeau. (Append. 4.)

le P. Mouton qui succédait au P. Jourdan, n'avait pas quitté Oullins depuis l'installation du Tiers-Ordre. Par les fonctions d'économe qu'il y remplissait depuis de longues années, et par ses relations personnelles, il se trouvait en rapport avec tous ceux qu'intéressait la vie de l'Ecole au dedans et au dehors. Aussi, arrivait-il à la tête de son gouvernement dans des conditions qui lui rendaient ses débuts plus faciles que ceux de ses prédécesseurs. Mais ayant été à la peine dans l'administration si ingrate des intérêts matériels, il se trouvait légitimement appelé à l'honneur de récolter les fruits qu'il avait abondamment contribué à faire venir à maturité.

Sans abandonner le contrôle de la gestion financière, à laquelle il fallait initier et aider son remplaçant, il apporta un soin particulier au perfectionnement des études, tant par le bon choix et le bon emploi de ses collaborateurs que par une surveillance personnelle très active et très suivie du travail des élèves. Sa sollicitude sur ce point ne resta pas sans récompense. Un élan très sérieux put bientôt être constaté dans les classes de grammaire, assurant ainsi d'une manière solide et durable les succès qui, jusque-là, avaient été dus principalement au coup de collier énergique des dernières années.

Avant son Priorat, le P. Mouton n'avait pas seulement affaire aux élèves pour les soins et les fournitures qui sont du ressort de l'Economat. Il était le directeur de conscience d'un grand nombre, parmi les petits qu'attirait sa bonté, et parmi les grands qui choisissent volontiers pour ce ministère le prêtre qui est moins mêlé à leur train de vie ordinaire. Par là, il avait déjà la confiance et un accès préparé dans le cœur de cette jeunesse pour les heures difficiles où la justice doit s'exercer.

Tout présageait donc à Oullins, sous ce régime semblable aux précédents, la continuation d'une prospérité croissante et le sort enviable des peuples qui n'ont pas d'histoire.

Les événements se chargèrent de contredire douloureusement ces augures trop favorables.

La distribution des prix, au mois d'août 1870, se fit sous le coup de la récente déclaration de guerre et des premiers départs de troupes pour la frontière de l'est. Comme tous les jeunes Français, les élèves d'Oullins firent l'abandon de la somme destinée à l'achat des récompenses en faveur des futurs blessés. Ils étaient très loin de soupçonner que cette facile générosité était le prélude de sacrifices plus sanglants dont quelques-uns d'entre eux, encore présents dans l'Ecole en ce moment, devaient être les premières victimes. Pendant les vacances qui suivirent, on se laissa aller, comme dans le reste du pays, aux illusions si chèrement payées que donnaient les premiers bulletins; on accueillait avec une confiance sans bornes les nouvelles de succès apocryphes et les faux espoirs bientôt détruits par l'implacable réalité.

La rentrée eut lieu cependant à l'époque accoutumée. Les désertions furent peu nombreuses. On croyait encore à une prompte terminaison de la campagne. Après le désastre de Sedan, il ne fallut pas longtemps pour perdre cette dernière espérance. Les désordres du dedans n'avaient pas tardé à s'ajouter aux désastres du dehors. Le voisinage de Lyon et de ses comités de tous noms inspiraient de légitimes inquiétudes aux familles du Midi, qui reprirent peu à peu à leurs enfants. Il ne restait à la fin du premier trimestre qu'une vingtaine d'élèves demeurés fidèles jusqu'aux derniers jours de cette sombre période. La plupart des maîtres furent aussi conservés à leur poste et les cours avaient continué sans interruption. Le travail et la prière étaient le seul adoucissement et la seule diversion efficace aux angoisses chaque jour renouvelées et accrues.

Dès le mois d'octobre, la plus grande partie des bâtiments avait été mise à la disposition de la commission des ambulances lyonnaises pour y installer les malades et les blessés qui affluaient dans cette ville. On n'avait réservé que le strict nécessaire pour le personnel de la maison. Une partie des locaux situés autour de la cour d'entrée avait même été cédée à un détachement de troupes valides qui s'y était organisé de son mieux. Grâce à la généreuse et adroite intervention de quelques anciens élèves, on avait pu déjouer les convoitises de différents corps de volontaires ou autres, alléchés par les charmes d'une garnison plus confortable que les campements où on les entassait. Mais après l'armistice, l'arrivée des débris des armées de l'Est vint encore augmenter l'encombrement et le désarroi des logements militaires. Les maisons d'éducation et les communautés religieuses de la banlieue, réquisitionnées depuis le commencement de la guerre, regorgeaient de locataires plus ou moins discrets. Une légion d'Alsaciens qui se trouvait mal à l'aise au noviciat des Frères Maristes à St-Genis-Laval, qu'on lui avait assigné pour ses quartiers, jeta son dévolu sur Oullins, et se présenta avec armes et bagages, dans la soirée du 26 janvier, persuadée que sa seule présence dans cet appareil lui ferait ouvrir la porte sans délai.

Mais, sur la demande d'une réquisition en règle formulée par le P. Mouton, et énergiquement maintenue malgré les réclamations irritées des officiers, ceux-ci, comprenant l'inutilité d'une attente plus longue, durent donner l'ordre de la retraite. Ce n'était qu'un répit. Furieux de leur déconvenue, et ne voulant pas capituler devant des *calotins*, chefs et soldats réunis dans les cafés d'Oullins, arrêtent pour le lendemain un autre plan de campagne qu'ils comptaient devoir obtenir un plein succès. Le P. Mouton en fut instruit peu après par des amis dévoués, et put se préparer à repousser une nouvelle attaque.

Le samedi matin, 27, un détachement très peu nombreux, sous la conduite d'un sous-officier, vint, au point du jour, s'établir devant la porte de l'Ecole, avec ordre de s'opposer à toute entrée ou sortie, soit des habitants, soit des personnes étrangères à la maison.

Le P. Mouton s'étant enquis de leur consigne, les remercia un peu ironiquement de la protection qu'ils voulaient bien donner au personnel du collège et aux hôtes qu'il abritait. Peu après, il demande à ses gardiens s'ils ont déjeûné, et, sur une réponse négative, il donne l'ordre d'apporter d'amples provisions de pain et de fromage qu'on fait passer à travers les barreaux, heureusement assez espacés, de la grille soigneusement fermée. Quelques bouteilles de vin, accompagnées de verres, suivent complaisamment le même chemin. Tandis que les pauvres geôliers involontaires consomment avec une évidente satisfaction ces rations inattendues fournies par leurs prisonniers, le Père remarque quelques-uns d'entre eux qui paraissent moins empressés à ce repas improvisé, et dont une toux opiniâtre trahit la fatigue. Immédiatement un vaste bidon rempli de tisane est apporté de la cuisine et avec un peu d'adresse on en transvase le contenu dans les verres des pauvres malades. Ainsi restaurés et réchauffés, ces braves gens se trouvaient disposés aux complaisances qui, sans trahir la discipline, pourraient reconnaître la prévoyante bonté dont ils venaient d'éprouver les effets. C'était le moment de l'arrivée des fournisseurs : le boucher, les laitières sonnent successivement au guichet de service. Ce ravitaillement quotidien est en grande partie destiné aux malades, dont plusieurs appartiennent au même corps de troupes que l'escouade placée en faction. Après une courte consultation et par un juste retour, on laisse pénétrer les vivres et leurs porteurs chez les assiégés. Un peu après, c'est le vaguemestre de l'ambulance qui demande à son tour le cordon, pour aller jeter à la poste la correspondance des convalescents.

Le refus serait aussi cruel sur ce point que pour la question alimentaire ; on lui ouvre donc, et, avec son paquet règlementaire, il emporte le courrier de l'Ecole.

Un peu plus tard, on voit s'avancer des marches du perron un funèbre cortège, deux cercueils renfermant la dépouille des malheureux qui ont succombé à leurs souffrances. Ils sont escortés par des infirmiers de service, auxquels se sont joints volontairement deux religieux : « Vous le voyez, mes amis, dit le P. Mouton, nous tenons à rendre à vos camarades les derniers devoirs et à saluer leur tombe de nos prières. Je ne doute pas que vous laissiez sortir avec le convoi les Pères qui l'accompagnent, mais il faut me promettre que vous ne les empêcherez pas de rentrer. » L'engagement fut pris et scrupuleusement tenu.

Pendant ces pourparlers et ces alternatives, on avait trouvé le moyen de prévenir le directeur des ambulances de Lyon, qui s'était rendu chez le préfet et lui avait déclaré qu'il retirerait immédiatement le personnel de médecins, de pharmaciens et d'infirmiers, si le

collège n'était ,pas délivré de l'obsession in-
juste qu'on lui faisait subir... M. Challemel-
Lacour jugea opportun de se transporter en
personne à Oullins, pour se rendre compte
par lui-même de la situation et couper court
aux ennuis dont la prolongation de ces incidents aurait pu être cause pour son administration. Forcé de reconnaître l'absurdité des
exigences de la Légion Alsacienne, et l'impos-
sibilité matérielle autant que les. inconvénients sérieux qu'il y avait à lui donner gain
de cause, il les obligea à transiger en rédui-
sant considérablement leurs prétentions premières, qui n'allaient pas à moins qu'à s'em-
parer en maîtres de toute l'habitation , en
expulsant au besoin les propriétaires et les oc-
cupants.

Délivré de cette alerte, Oullins vit revenir
les jours de calme, et se retrouva à la rentrée
de Pâques avec son nombre d'élèves à peu
près au complet et sa physionomie accoutumée.

La reprise des communications régulières
avait cependant apporté de tristes nouvelles
de plusieurs des anciens élèves restés sur les

champs de bataille, et d'autres ramenés mourants ou épuisés dans leurs familles où ils devaient succomber peu de temps après (1). D'autres deuils plus imprévus et plus terrifiants se préparaient, hélas ! incessamment. La Commune avait été proclamée à Paris, et on apprit un jour que les Pères d'Arcueil, avec le personnel des maîtres et des serviteurs présents à l'Ecole venaient d'être arrêtés et écroués au fort de Bicêtre. Cette annonce, trouvée dans les journaux, sans détails bien précis, dans un pareil moment, ne produisit pas tout d'abord l'effet qu'on devait supposer. Accoutumés de longue haleine aux violences de la guerre et aux désordres de la rue, les esprits n'avaient plus cette sensibilité prompte à l'effroi et à la prévision des dernières catastrophes. On cherchait à se faire illusion et on y parvenait plus ou moins, non par insouciance, mais par lassitude de craindre. Le jour de la Pentecôte, au sortir de la grand'messe, la cruelle réalité se produisit par l'arrivée

(1) On en trouvera une liste, peut-être encore incomplète, des jeunes Oullinois morts pour la France, à la fin de ce volume (appendice 2).

successive de plusieurs dépêches, de sources différentes, annonçant, sans laisser place à l'espoir d'un doute, le massacre de cinq religieux (1), de trois maîtres et de cinq domestiques. Ce sanglant sacrifice était le premier tribut levé par la mort sur la famille du Tiers-Ordre, mort glorieuse sans doute pour la cause que représentaient ces martyrs frappés *pour le bon Dieu*, perte cruelle et profondément ressentie par la Congrégation, encore si peu nombreuse, privée subitement des meilleurs et des plus forts de ses enfants.

A la fin de cette année scolaire, si troublée, si pleine d'amertumes, le P. Mouton, après avoir pieusement renouvelé l'hommage funèbre d'Oullins aux nobles victimes de la guerre et du fanatisme antireligieux, put faire luire devant son auditoire l'espérance d'un avenir meilleur, fondé sur ces dévouements et sur cet exemple des aînés que ne voudront pas démentir leurs jeunes successeurs.

(1) Les PP. Captier, Delhorme, Cotrault, anciens maîtres d'Oullins ; Bourard, du Grand-Ordre dominicain, aumônier ; et Chatagneret, novice du T.-O. enseignant.

9.

Le priorat du P. Mouton prit fin au mois d'août 1874. Les trois ans écoulés depuis l'année terrible avaient vu se combler peu à peu les vides causés par la guerre et par les troubles survenus dans la situation de quelques familles. Le succès des élèves, que la guerre n'avait pas interrompu, affirmait de plus en plus le travail et la bonne discipline de la maison. Sous le rapport matériel, le collège avait subi des améliorations dont nous avons différé de parler jusqu'ici, bien que leur entreprise date du temps du P. Captier. L'achèvement de la chapelle neuve mérite une mention spéciale, non seulement pour son importance propre, mais pour l'active et pieuse sollicitude du P. Mouton à presser, par ses encouragements et son zèle, le couronnement de cette belle œuvre et les embellissements extérieurs (1).

A la rentrée de 1874, les élèves déjà anciens dans l'Ecole retrouvèrent à leur tête

(1) Nous reproduisons à la fin de cette notice la description des peintures et décorations de la chapelle, (appendice 3).

celui que personne n'avait oublié. Le P. Jourdan leur rapportait de ses six ans de méditations et de vie religieuse plus complète, un courage nouveau, des forces retrempées à leur source divine, et un dévouement plus miséricordieux encore pour les besoins et les faiblesses de leur âge. Récompensé de ses soins par l'affection de ses nouveaux élèves et leur bonne volonté, par le souvenir reconnaissant des anciens, il poursuivait sa tâche avec la même application consciencieuse et soutenue, avec une autorité et un crédit extérieurs affermis par le temps et par les résultats.

En 1880, ses pouvoirs qui expiraient avaient été renouvelés, et il avait repris courageusement son bail, résigné sans faiblesse aux fatigues incessantes du poste de combat où le maintenait la Providence, et dont il avait expérimenté, croyait-il, toutes les attaques et toutes les surprises. Les décrets de 1880 et leurs conséquences lui causèrent une amère affliction. Grâce à Dieu et aux résolutions qu'il lui plut d'inspirer et de rendre efficaces, Oullins put échapper encore à cette menace de dissolution et de ruine. Mais le sacrifice qui fut le prix de cette sauvegarde, bien que non seulement conseillé, mais commandé par l'autorité ecclésiastique, fut, pour le P. Jourdan le plus difficile renoncement de sa carrière. Son âme si profondément religieuse n'aurait pu se décider d'elle-même à une abdication qui révoltait à la fois sa conscience chrétienne et ses plus chères croyances sociales. Ce détachement, une fois consommé, lui donna la force d'en accomplir un autre, auquel il avait cru pouvoir jusque-là se soustraire sans trahir la cause qu'il s'était engagé à servir.

En 1883, Arcueil, privé de son Supérieur, demanda au continuateur du P. Captier à Oullins, de recueillir la succession du fondateur martyr. Le P. Jourdan pensa qu'il ne pouvait plus se refuser à ce désir manifesté déjà quelques années auparavant. Les circonstances actuelles, bien que délicates pour Oullins, permettaient de l'y remplacer plus facilement. On lui assurait, d'autre part, qu'il avait à remplir sur ce nouveau théâtre, plus étendu et plus exposé, une mission qui couronnerait ses autres labeurs; c'en fut assez pour ne plus hésiter.

Au R. P. Crapelet, appelé à lui succéder, le P. Jourdan a légué avec sa charge un héritage de confiance et de sympathie, suffisamment attesté par la désignation de son choix, et ratifié par les suffrages de tous les intéressés. Le nouveau Prieur apportait de son propre fonds, les titres acquis par neuf années d'enseignement dans l'Ecole. Ici, nous entrons dans l'histoire contemporaine, dont les faits et gestes relèvent des chroniqueurs du second demi-siècle d'Oullins. Mais, avant de leur passer notre plume, bientôt arrivée au terme de sa course, il nous faut encore relater la transformation avantageuse accomplie en ces dernières années, dans le régime économique de l'Ecole.

Malgré l'épithète mal sonnante et, nous aimons à le croire, rarement méritée, que la malignité inflige à certains maîtres de pension, personne ne peut ignorer que, dans les conditions présentes de l'enseignement libre, l'exploitation, si habile soit-elle, d'un internat, conduit rarement à la fortune. Oullins, de-

venu après M. Dauphin la métropole de plusieurs colonies d'éducation, était grevé, depuis sa fondation, de charges anciennes
qu'une prospérité soutenue devait éteindre à
la longue, mais que les désastres de la guerre,
et le contre-coup de catastrophes financières
plus lourdement ressenties sur la place de
Lyon, étaient venus encore aggraver. Ces préoccupations d'ordre secondaire, mais nullement
négligeables, ajoutées aux soucis administra-
tifs et scolaires, entravaient péniblement l'effort des directeurs. Déjà, quelque temps avant
sa mort, le P. Lécuyer, alors Provincial du
Tiers-Ordre, désireux de porter remède à cette
situation avant qu'elle devînt incurable, avait
invité le P. Jourdan à s'adresser aux amis de
l'Ecole et aux anciens élèves, pour chercher,
de concert avec eux, le moyen d'enrayer la
crise et d'asseoir solidement la situation financière d'Oullins, en lui donnant une base plus
large que le crédit borné d'une association
restreinte. Dès les premières ouvertures, cet
appel à la générosité fut entendu, et provoqua
tout d'abord de magnanimes dévouements.
Sans attendre le résultat d'une propagande

plus étendue, quelques généreux bienfaiteurs prirent l'initiative, et se concertèrent pour faire, à leurs risques et périls, l'avance des fonds nécessaires à la préparation d'une société anonyme qui deviendrait propriétaire d'Oullins (1), conservant aux maîtres l'initiative de la direction intérieure, en les soulageant de la responsabilité pécuniaire.

Proposé ensuite à tous ceux qui tiennent à Oullins par des liens de reconnaissance ou de sympathie, le projet réunit bientôt les adhérents nécessaires pour la constitution définitive de la Société, qui eut lieu le 1er janvier 1884. On nomma président *M. Léon Charvériat*, magistrat démissionnaire, que son habitude des affaires et sa connaissance du droit, aussi bien que son zèle plein de délicatesse désignaient pour cette fonction. Autour de lui, on groupa, pour former le Conseil d'administration, MM. Alfred Peillon, Louis Neyron des Granges, Emmanuel Galliard, Paul Bo-

---

(1) Les noms de M^me Alamagny, de Saint-Chamond, et de son frère, M. Oriol, premiers et principaux souscripteurs doivent être conservés dans la mémoire reconnaissante de la postérité d'Oullins.

rel, le peintre de la basilique d'Ars et de la chapelle de l'Ecole, Philippe Charvériat, tous anciens Elèves d'Oullins, et le R. P. Crapelet, prieur de l'Ecole.

Ainsi s'achève, après des secousses vaillamment supportées, la première période cinquantenaire de la chère Ecole Saint-Thomas-d'Aquin. En sûreté désormais, autant qu'on peut l'être au point de vue des ressources naturelles, par le généreux concours de ses enfants, et devant les institutions du pays, par l'abnégation patriotique de ses directeurs ; mieux assurée encore auprès de Dieu et de son Eglise, si elle continue à les servir en restant fidèle aux traditions de son passé et digne des promesses de son avenir !

# CHAPITRE VI

*Nos anciens maîtres. — MM. Chaîne et Bourgeat. — Les PP.
Delhorme et Cotrault. — Mort de M Dauphin. — Les PP.
Mermet, Lécuyer et Baudrand. — M. Viret. — MM. Cour-
durier et Nauziel — M. Pellat. — Le père Joseph, le vieil
Hubert et M. Bert. — MM. Gandy et Lacuria; Caton et
Genthon. — Une avant-dernière et une dernière lacune. — La
voix d'Oullins.*

Dans le récit que nous venons de terminer,
on pourrait nous reprocher d'avoir mis en
scène à peu près uniquement les Directeurs
de chaque époque, et de paraître rapporter à
leur seule initiative, presque à leur seule
action, le bien accompli dans les diverses pé-
riodes dont nous avons esquissé les traits

principaux. Cette façon peu démocratique et peu moderne d'écrire l'histoire nous a semblé plus propre à mettre dans notre travail l'ordre et la clarté que nous aspirions à lui donner avant tout.

Mais nous ne nous pardonnerions pas d'avoir prêté à croire, par ce procédé, que notre intention est de laisser dans l'ombre d'un oubli volontaire et calculé les coadjuteurs, brillants ou modestes, qui ont rendu possible par leur concours cette œuvre d'Oullins, œuvre d'entente, d'abnégation dévouée et d'efforts mis en commun, comme nous l'avons déjà fait entrevoir précédemment, comme viendront l'attester d'un témoignage irréfragable les souvenirs que nous allons rappeler dans ce chapitre. Un véritable enfant d'Oullins, sous quelque administration qu'il ait traversé l'Ecole, se fait un titre d'honneur de l'affection réciproque qui l'unit à tous ses maîtres. En s'intitulant élève de M. Dauphin, du P. Captier ou de tout autre, il ne prétend, par cette classification, exclure de sa reconnaissance affectueuse, aucun des maîtres qui lui ont donné leurs soins. Bien plus, par une gracieuse fiction du cœur, il étend ce sentiment, dans le passé, à ceux qu'il n'a pas connus, mais dont le nom et la légende ne lui sont pas étrangers ; et, sur les figures nouvelles qui l'accueillent avec bienveillance, dans ses retours au bercail de sa jeunesse, il croit saisir des traits de ressemblance avec les visages aimés qu'il ne retrouve plus. Nous souhaiterions qu'il nous fût donné de pouvoir recueillir toutes les manifestations intimes de ce culte filial, d'en faire comme un faisceau d'hommages à l'honneur de tous les éducateurs d'Oullins, ou mieux encore un trésor d'ardentes prières qui pût secourir puissamment dans leurs combats sur la terre et rapprocher du ciel ces âmes bienfaisantes auxquelles nous devons les secrets de cette double vie. Mais il nous faut compter, pour cette dernière partie de notre tâche, sur une indulgence plus grande. On voudra bien, nous l'espérons, avoir égard non seulement à l'insuffisance de notre mémoire personnelle, qui n'a pu embrasser par elle-même qu'un petit nombre d'entre les faits et les personnes dont nous voudrions parler, mais aussi à la pénurie des renseignements qu'il nous a été possible de réunir pour cet objet, et enfin, à d'autres difficultés dont notre bon vouloir, notre patience et notre peine n'ont pu triompher.

La première place au nécrologe des Maîtres d'Oullins est due sans contestation à l'ami de cœur, au compagnon de la première heure, au confident intime des projets de M. Dauphin. « Songez-donc, mes bons amis, nous disait-il, aux obsèques de son confrère, qu'il était venu présider de fort loin ; je l'aimais déjà quand j'avais votre âge, il a été le camarade de mes études, l'associé de mes travaux, il a été mon second, il a été mon frère. » Et voici le portrait attachant de cette noble et douce figure tracé par son ami devant l'auditoire ému où se trouvaient, avec un grand nombre d'anciens, plusieurs élèves présents ayant encore connu M. l'abbé Chaine (1). « Le cher défunt que nous pleurons ne fut pas seulement une âme d'élite, un esprit délicat, un

_______

(1) Né en 1807, d'une famille honorable de Lyon, M. Chaine fit ses premières études à l'école cléricale de Saint-Nizier, sa philosophie à Alix et sa théologie au Grand-Séminaire de Saint-Irénée. Il en sortit diacre en

noble cœur que blessait tout ce qui était faux et vil, que remuait profondément tout ce qui était beau et droit ; ce ne fut pas seulement un des hommes les plus distingués que j'aie connus, que sa parole ne faisait connaître qu'à moitié, qu'exprimait bien mieux sa fine et belle figure ; ce fut bien mieux que cela, ce fut un prêtre selon le cœur de Dieu, d'une foi profonde, d'une irréprochable dignité, d'un dévouement qui ne reculait devant aucun sacrifice, et d'une tendresse d'âme à l'endroit de l'enfance que seul peut-être j'ai parfaitement connue. Au rebours de tant d'autres qui en font étalage, notre ami avait la réserve et la pudeur des douces affections, des sentiments intimes. On aurait dit qu'il y avait dans son organisation extérieure une sorte d'impuissance à faire connaître le fond de son âme. Il fallait y pénétrer peu à peu et comme à son insu. Mais alors quels trésors de tendresse et d'impressionnabilité on y décou-

1829 pour entrer dans la carrière de l'enseignement. En 1833, il fut ordonné prêtre par Mgr de Pins. En 1852, Mgr Rossat, évêque de Verdun, le nomma chanoine de sa cathédrale.

vrait ! Il aimait les petits enfants à la manière du Sauveur, parce qu'ils sont doux, ingénus, innocents, candides, parce qu'ils reposent les regards de l'âme comme les petites fleurs du chemin charment les yeux du corps.

« Que de fois conversant ensemble à ce sujet, je l'ai vu s'émouvoir jusqu'aux larmes ! Et cet amour de l'enfance, il ne restait pas dans ce cœur sacerdotal à l'état de poésie stérile; c'était un amour agissant et dévoué. Il se portait à tout ce qui pouvait être utile à ces chers petits, dont il avait fait sa part spéciale, à tout ce qui pouvait leur faire aimer le bon Dieu et leur rendre l'étude moins pénible, le collège plus attrayant. Les plus modestes charges, les plus obscures fonctions étaient celles qu'il préférait, du moment qu'elles avaient les petits pour objet. Pour eux, il avait composé une méthode de lecture, il avait pâli sur les aridités de la grammaire, il s'était rendu familières les nomenclatures de l'histoire naturelle; pour eux, il avait voulu qu'au grave et savant patronage de saint Thomas d'Aquin on joignît la douce et souriante figure de saint Jean l'Evangéliste, qui était devenu le patron spécial de la division des petits; pour eux, enfin, il ne dédaignait pas de surveiller comme une mère les moindres détails de la propreté et de la toilette. Rien ne lui semblait ni répugnant ni infime, de tout ce qui pouvait développer, adoucir ou embellir la vie des chers petits êtres auxquels il s'était donné sans partage.

« Et c'est parce qu'il avait de ses plus humbles devoirs cette estime sans respect humain, ce courage qu'aucun obstacle n'abat, que nous lui avions confié à la fin la difficile et importante charge de l'Economat. Il y a montré, mes chers enfants, la vérité de cette parole de S. Paul : que celui qui administre bien sa maison est digne des fonctions les plus hautes, *suæ domui bene præpositum*. Dire le bien qu'il a fait là, les prodiges qu'il a réalisés (et je dis le mot parce que je le pense), la fermeté calme, le coup d'œil étonnant, l'activité sans trouble qu'il a déployée pendant quatorze ans au profit de l'œuvre commune, je n'entreprendrai pas de le dire ; Dieu le sait, et moi qui ai été son humble instrument dans la direction d'Oullins, j'en garde au fond du cœur une éternelle reconnaissance.

« Je me souviens aussi avec une émotion religieuse du prix que notre cher défunt attachait à cette chapelle, dont il avait voulu rester toujours chargé. Avec quelle prédilection, il en surveillait lui-même les arrangements ! Avec quel attrait il en goûtait les solennités pieuses ! Noël, Pâques, la Fête-Dieu, la Saint-Thomas d'Aquin, les communions du matin, les saluts du soir, c'étaient ses beaux jours à lui, c'étaient ses joies les meilleures et les mieux senties. Ces jours-là, quand la fête était finie, et que chacun reposait en silence, j'allais volontiers frapper à sa porte, j'étais sûr de trouver sur son visage un rayon de bonheur, et dans l'accent de sa voix quelque chose d'ému qui me faisait du bien.

« A ces préoccupations de son ministère d'enseignement, ajoutez le goût des arts, l'amour des belles œuvres de la création, les voyages où il se plaisait à en partager les jouissances avec ses amis et ses élèves : voilà sa vie, mes chers enfants ! Une vie d'une unité modeste et touchante, toute fermée au monde et aux bruyantes relations, toute dévouée à l'enfance et rivée pour ainsi dire à cette chère maison d'Oullins, dont il pouvait bien dire comme le Psalmiste : « C'est là mon repos, j'y « resterai, parce que je l'ai choisie, *hæc requies mea, hic habitabo quoniam elegi eam.* »

Deux ans auparavant, M. l'abbé Bourgeat, associé comme troisième directeur au gouvernement de l'Ecole, à la suite de la retraite de M. Lassalle, s'était éteint après une cruelle et lente agonie, soutenue avec l'héroïsme d'un philosophe, et offerte à Dieu avec la vertu d'un saint.

Originaire du diocèse de Grenoble, M. Bourgeat, au sortir de ses études cléricales, avait enseigné quelque temps la théologie au Grand-Séminaire de Grenoble. Il était professeur dans la célèbre institution de Juilly, quand M. Dauphin le demanda comme collègue, et pour tenir à Oullins la place de chef d'institution, dont ses grades universitaires lui permettaient de solliciter le titre. Nous avons dit les difficultés qu'il fallut surmonter pour obtenir cette reconnaissance, et surtout le privilège du *plein exercice*. Malgré son rôle

officiel devant l'Université, le troisième directeur ne prit jamais qu'une part restreinte au
gouvernement général de l'Institution. Homme de retraite et d'étude, après sa classe de
philosophie, dont il fut chargé tout le temps
de son séjour à Oullins, il donnait ses heures
libres à des recherches laborieuses, à la composition de divers ouvrages (1) et, avant tout,
à l'accomplissement scrupuleux et édifiant de
ses obligations sacerdotales. Sa vertu et sa
science, qu'une modestie exemplaire ne parvenait pas à dérober à notre clairvoyance d'enfants, nous inspiraient un respect mêlé de
fierté. On l'avait surnommé Platon, et quand
il venait sur les terrasses, les plus petits s'empressaient de solliciter ses caresses, tandis
que les forts le provoquaient à des parties de
balle au mur où il montrait, aussi bien que
dans les promenades dont il se faisait le
guide, que sa philosophie, digne de l'ancêtre

(1) Avant sa thèse de Doctorat sur Vincent de Beauvais,
M. Bourgeat avait publié le *Programme d'un cours de
Philosophie* et une *Histoire de la Philosophie*, dont il ne put
terminer que le premier volume sur la philosophie
orientale.

que nous lui avions attribué, ne dédaignait aucune des activités de l'homme parfait.

M. Bourgeat resta encore un an à Oullins, après l'arrivée du Tiers-Ordre. Il le quitta alors et appliqua ses loisirs à l'achèvement d'une thèse pour le doctorat en théologie, qu'il soutint avec succès devant la faculté de Paris, le 28 juin 1856.

Nommé professeur au Lycée de Pau, il se vit obligé au bout d'un an d'interrompre ses cours pour revenir dans la retraite de Mont-Thomas (1), soigner une maladie déjà grave, et sans doute trop longtemps négligée. Mais, malgré le repos de cette charmante solitude pleine de tant de souvenirs, malgré l'affection et les traitements qui s'efforçaient de retarder une issue fatale, les forces du malade déclinèrent rapidement. Doux envers la souffrance et résigné en face de la mort, il expira le 12 avril 1858, entre les bras de son ancien

(1) La construction, désignée sous ce nom, s'élève dans le haut du parc. Entourée d'un parterre et complètement isolée du bruit de l'Ecole, elle devait servir d'habitation aux anciens directeurs. M. Dauphin n'y fit que de courtes visites; M. Bourgeat s'y retira quelques mois avant sa mort; seul, M. Chaîne l'habitait depuis qu'il avait pris sa retraite.

collègue, M. Chaine, et des directeurs d'Oullins.

Quelques jours auparavant, il avait surmonté ses fatigues pour recevoir la visite des
élèves de son temps qui se trouvaient encore à
l'Ecole et leur faire ses adieux. Retenu par une
prédication de Carême, M. Dauphin ne put
accourir auprès de son ami mourant, ni se
trouver à ses funérailles. Elles eurent lieu
dans la chapelle, où ses restes reposent dans
un caveau, tout près de l'entrée (1).

(1) Nous donnons ici l'épitaphe (composée par le P.
Lacordaire) qui surmonte le tombeau de M. Bourgeat.

†

D. O. M.

AD PIAM ÆTERNAMQUE MEMORIAM

JOANNIS BAPTISTÆ BOURGEAT

SACERDOTIS, SACRÆ THEOLOGIÆ DOCTORIS

ET VIRODUNENSIS CANONICI,

QUI, CUM ESSET

VERITATIS ET ANTIQUITATIS

IMPIGER ET STRENUUS CULTOR,

HIC PRIMUS SEXDECIM ANNOS

PHILOSOPHIAM MULTA CUM LAUDE DOCUIT

HUJUSCE COLLEGII

VETERES AC RECENTIORES SODALES

MONUMENTUM PONEBANT.

NATUS VOIRONE XVII AUGUSTI MDCCCV

HIC OBIIT XII APRILIS MDCCCLVIII

REQUIESCAT IN PACE.

Nous avons déjà mentionné au chapitre précédent le drame sanglant qui ravit à l'Eglise et à la Patrie ceux qu'on a bien nommés les *Martyrs d'Arcueil*. Les détails de leur fin tragique sont trop connus pour que de nouveau nous en attristions ces pages. Parmi les compagnons de gloire du P. Captier, se trouvaient deux religieux qu'Oullins a comptés parmi ses maîtres.

Le P. Delhorme était du nombre des jeunes ecclésiastiques de Lyon qui suivirent le P. Lacordaire à Sorèze, en 1854. Après son noviciat, il fut envoyé à Oullins. Professeur d'histoire naturelle, de chimie, de mathématiques ; il ne quitta l'Ecole (sauf une interruption de quelques mois pour installer le noviciat de Chalais) qu'en 1869, appelé à Arcueil par le P. Captier, pour y prendre la direction des Etudes. Pendant le siège, il se trouvait à Saint-Brieuc où s'était réfugiée une partie du personnel d'Arcueil. Mais il revint dès que les communications furent rétablies ; et, bientôt après, la commune lui faisait partager le sort de son Prieur et de ses Frères. Esprit exact et cultivé, le P. Delhorme avait de grandes

qualités comme professeur. Un petit nombre
d'élèves, qui avaient su pénétrer l'exquise délicatesse de son cœur lui avaient voué un profond attachement. En dehors de son enseignement et de ses fonctions officielles, il est resté
célèbre à Oullins comme constructeur de bal-
lons et de pièces d'artifice pour les Fêtes de
Saint-Thomas. Il employait pour l'aider à cette
besogne les élèves les plus adroits et les plus
sages, et ne manquait pas d'ouvriers de bonne
volonté : « Quelle joie pour nous, écrit l'un
d'eux, de nous réunir à lui pendant les promenades dans la vieille salle de la dominicale,
de couper les longues lanières de papier, de
les assembler, de manier le salpêtre et le char-
bon, la limaille de fer ou de cuivre ; et, quand
la fête venue, nous voyions notre ballon s'élever dans les airs, nos chefs-d'œuvre de pyro-
technie éclairer les grands arbres des bois,
nous nous croyions vraiment les aides de quelque ingénieur ou de quelque alchimiste ! »

Il aimait aussi à conduire de grandes promenades où, malgré sa petite taille, il n'était
ni le moins agile ni le moins en train, ainsi
qu'à faire visiter aux élèves de la section des

Sciences les grandes usines et les ateliers qui avoisinent Oullins.

Le P. Cotrault avait été élevé au Petit-Séminaire de Bourges, alors que le Tiers-Ordre en avait la direction. Séduit par le dévouement de ses maîtres qui fut pour lui le signe de l'appel divin, il fit son noviciat à Sorèze, et suivit ses Supérieurs à Oullins après la mort du P. Lacordaire. D'abord professeur de septième, ensuite sous-économe pendant plusieurs années, il se trouva tout préparé aux services que le P. Captier attendait de lui, et qu'il rendit en effet, surtout pendant la période du siège, à la tête de l'économat d'Arcueil, où il fut appelé en 1868. Outre ces mérites professionnels, nous aurions de longues pages à remplir sur le dévouement infatigable du P. Cotrault, et sa tendre affection pour les élèves. Il mettait un zèle ingénieux à affermir ceux qu'il dirigeait, et à les fortifier par de pures et nobles amitiés. Sa sollicitude pour la santé du corps n'était pas moins généreuse. Pendant une grave maladie d'un des ses enfants de prédilection, le médecin avait consigné la chambre du patient par crainte de la contagion, mais cela ne put arrêter le P. Cotrault. Il fit tant et si bien que le P. Prieur céda à ses prières, à ses larmes même, et lui permit de prodiguer à celui qui nous a raconté ce trait des soins tout maternels.

Après 1871, l'année 1882-83 fut marquée pour Oullins par de nombreuses dates funèbres. Le 29 décembre 1882, Mgr Dauphin achevait dans sa retraite de Clamart une vie pleine de mérites et de labeurs utiles à l'Eglise et à son pays. Ses restes vénérés, transportés dans son pays natal, y furent inhumés le 5 janvier dans la magnifique église dont il a doté le village de Crozet. Ses compatriotes et ses enfants lui firent les plus touchantes funérailles. Oullins, dont les élèves étaient à ce moment en congé dans leurs familles, ne put être représenté à ces obsèques que par deux de ses maîtres (1). L'Ecole

(1) Les anciens élèves d'Oullins ont fait élever sur la tombe de Mgr Dauphin un monument funèbre surmonté de son effigie, par M. A. de Gravillon. Un autre exemplaire du même médaillon, (fait et donné par l'auteur,) se trouve au salon de lecture de l'Ecole.

avait à pleurer encore sur une autre tombe ouverte presque le même jour.

Le 3o décembre, en effet, le P. Mermet, doyen des fondateurs du Tiers-Ordre, rendait à Dieu son âme, surprise mais non dépourvue devant cette rencontre dont toute sa vie n'avait été qu'une lente préparation. Originaire du diocèse de Grenoble, l'abbé Pierre Mermet, disciple de Lamennais dans les derniers temps de La Chesnaye, fut attiré à Oullins par son compatriote et ami, M. Genthon, en 1840. Douze ans plus tard, lorsque la question de l'établissement du Tiers-Ordre enseignant de saint-Dominique se posa dans l'entourage de M. Dauphin, l'abbé Mermet fut des premiers à l'accueillir avec un enthousiasme juvénile. Son âge et sa qualité de prêtre le désignaient naturellement pour exercer l'autorité sur ses jeunes confrères. Sa modestie lui en fit refuser les titres, et il ne voulut garder que l'influence de ses vertus et de sa bonté. Depuis 1840, sauf pendant l'année du noviciat, la carrière du P. Mermet s'est écoulée tout entière à Oullins. Dire ce qu'il y fut et les souvenirs qu'il y a laissés, nous demandeiait plus d'espace et de temps que ne nous en laisse l'hommage que nous devons encore à d'autres mémoires vénérées. Nous y suppléerons en reproduisant plus loin la lettre admirable publiée peu après la mort du Père Mermet par un de ses fidèles admirateurs et amis (1).

Le 25 janvier 1883, la Chapelle d'Oullins revêtait de nouveau ses ornements funèbres. Le T. R. P. Lécuyer, qui était venu quinze jours auparavant, déjà gravement malade, bénir le cercueil du P. Mermet et redire ses exemples et ses travaux, recevait à son tour le pieux tribut de nos prières et de nos regrets. Cette existence, toute remplie par les charges et la responsabilité du commandement, n'appartenait à Oullins que par les deux premières années de sa vie religieuse et enseignante.

En 1856, ordonné prêtre à 23 ans, il était envoyé comme Supérieur au Petit-Séminaire de Bourges, qu'il dirigea pendant quatre ans. Nommé Vicaire-général du Tiers-Ordre après

(1) Voir les pièces justificatives, (appendice 4).

la mort du Père Lacordaire, et réélu sans interruption, il gouverna vingt-deux ans cette Congrégation, évitant par sa prudence les écueils signalés sur la route, disputant à la tempête le salut du navire et de l'équipage, et sauvant enfin, dans les pertes inévitables, ce qui pouvait être épargné.

Le P. Lécuyer, depuis son court séjour à Oullins, n'y apparaissait qu'à de rares intervalles. Les élèves qui avaient peu d'occasions de l'aborder, devinaient pourtant que, mêlé à leur vie, il eût conquis leur affection. Tous éprouvaient, en le voyant, le respect que commande une grande intelligence et un grand talent dans l'exercice d'une haute fonction. Ceux qui ne l'ont pas connu jugeront de ses qualités par cette courte citation des paroles qu'il adressait aux élèves de l'Athénée le 7 mars 1869. « Les lettres sont une occupation et une jouissance pour tout esprit élevé et pour tout noble cœur. Elles sont la plus grande puissance dont l'homme dispose. C'est par elles qu'on défend ses libertés, ses droits, sa patrie; c'est par elles qu'on acquiert une influence et une gloire durables. Interrogez vos aïeux, et ils vous diront que les grandes puissances de ce siècle ont été la plume qui burinait le *Code civil* et celle qui écrivait *le Génie du Christianisme ;* interrogez vos pères et ils vous diront, à côté de notre Père Lacordaire, Berryer, l'homme de l'éloquence et Lamartine, l'homme de la poésie. Voilà pourquoi nous voulons faire de vous, non plus seulement des hommes de bien, mais des chrétiens habiles à parler. »

A la fin du mois de février, la crypte funéraire d'Oullins s'ouvrit une troisième fois pour recevoir la dépouille du P. BAUDRAND, enlevé par une mort presque subite, en pleine activité et au milieu de sa course, à cette intéressante Ecole St-Elme dont il était depuis douze ans le directeur et l'âme vivante. Le souvenir du P. Baudrand attaché désormais

(1) Outre ses discours de distribution de prix dans nos Ecoles et quelques opuscules publiés de son vivant, le P. Lécuyer a laissé de précieux manuscrits sur des sujets intéressant la piété et l'éducation qui verront le jour, nous l'espérons, sous peu de temps. Les anciens élèves d'Oullins ne seront pas les derniers à profiter de cet enseignement posthume.

à cette création hardie, dont une énergie persévérante avait su transformer les côtés faibles ou douteux de la première conception, ce souvenir, disons-nous, n'a pas besoin d'être rappelé à la mémoire des élèves d'Oullins, à quelque génération qu'ils appartiennent. Jeunes ou vieux, qui d'entre nous n'a connu ou rencontré le P. Baudrand, soit à Oullins même, soit à Arcueil, à Arcachon, à Paris, à Marseille, en Italie ou aux Etats-Unis, dans ses rapides déplacements dont les combinaisons étaient sa joie et son triomphe ? Qui n'a pas au moins entendu prononcer son nom, ou n'a pas lu dans les journaux quelque éloge franchement sympathique de la personne du Père et de ses projets, devenus à certains jours une actualité parisienne ? Aussi n'essayerons-nous pas de tracer son portrait. Nous l'avons eu pour maître et pour Père ; plus tard, devenu son frère, il voulait bien nous traiter en ami. Que pourrions-nous rapporter de plus à sa louange que cet attachement, sans exception, de tous ceux qui ont été mêlés à sa vie ? On pouvait contredire le P. Baudrand et craindre l'excès de ses ini-

tiatives hasardées ; il était impossible de ne.
pas sympathiser avec ses espérances, quelque
problématiques qu'on les jugeât, et de ne pas
lui souhaiter le succès.

C'est une activité bien différente qui dis-
tingue dans notre souvenir la carrière laborieuse de M. VIRET. Epris de correction
grammaticale et d'élégance littéraire, dont
une parole peu facile, — et je crois aussi une
grande timidité, — l'empêchait de communiquer les secrets à ses élèves, comme il les
comprenait, il s'était adonné à l'aride tâche de
la composition de livres classiques, sans
abandonner d'ailleurs le professorat, rem-
placé seulement dans ses dernières années
par la leçon moins fatigante du répétiteur. Le
20 novembre 1877, étonné de voir encore
fermée la porte du matinal travailleur, un
voisin, entré dans la chambre, le trouva
étendu sans vie. La mort l'avait surpris sans
avertissement et sans préparation, mais non
sans recommandations auprès de Dieu.

En 1862, les Religieux qui, après la mort
du Père Lacordaire durent se réfugier à Oullins, y furent suivis par cinq professeurs de

Sorèze qui, fidèles à la mémoire du grand Dominicain, voulurent s'attacher à la fortune de ses légitimes enfants (2). Au nombre de ces courtisans de l'épreuve était un vénérable prêtre qu'Oullins n'a gardé que peu de temps, mais qui a trop bien mérité de l'œuvre dominicaine et de la jeunesse pour que nous puissions omettre son souvenir. M. COURDURIÉ (2) fut professeur de troisième de 1862 à 1865. Attiré à Arcueil par le P. Captier, il y géra l'Economat jusqu'en 1869, et voulut alors jouir d'une retraite justifiée par son âge et ses travaux. Mais après la guerre, ému des vides qui s'étaient faits dans le personnel d'Arcueil, il ne put résister aux instances du P. Lécuyer et vint reprendre le poste redevenu vacant par la mort du P. Cotrault. En 1875, lorsque Sorèze rouvrit ses portes aux Dominicains, M. Courdurié, associé au retour de ceux dont il avait partagé l'exil, trouva comme un renouvellement de ses forces et de

(1) C'étaient, avec MM. Courdurié et Nauziel, MM. Nadal Noguès et l'abbé Dignat.

(2) Entré à l'école de Sorèze avec son parent, M. Gratacap, alors directeur, M. Courdurié y fut successivement professeur et économe jusqu'à la mort du P. Lacordaire.

ses affections dans la reprise des habitudes de sa jeunesse. Il ne quitta Sorèze qu'un an avant sa mort, pour recueillir son âme et la préparer au dernier passage, à l'ombre du clocher natal, témoin de ses dernières prières et de ses suprêmes charités.

Non moins vénérable par le caractère que distingué par le talent, et gardant dans l'état laïque des mœurs vraiment sacerdotales, M. Nauziel était aussi une épave de l'Ecole de Sorèze, où l'avait fait venir le P. Lacordaire. Il acheva parmi nous sa carrière de professeur dans cette chaire de rhétorique qu'il occupait si magistralement, et d'où il ne descendit qu'à la dernière limite de ses forces, pour aller s'enfermer à la Trappe de Notre-Dame des Neiges, et consacrer à l'instruction des jeunes Religieux les derniers sons de sa voix, en élevant vers Dieu les derniers battements de son cœur. « Il me semble entendre encore, nous dit un de ses élèves, cette voix vibrante, émue, gardant sous les glaces de l'âge toutes les forces de la jeunesse, quand il nous déclamait à la fin de la classe les beaux vers de Corneille, de Lamartine, de Ponsard, voire

même de Soumet et de Guiraud. » Un autre
a écrit de M. Nauziel : « Je manquerais à la reconnaissance, si je ne rappelais quelle fut la
main vénérée qui me guida, quels excellents
enseignements je recueillis, et de quels cœurs
ils venaient. Notre professeur de rhétorique
avait beaucoup connu le P. Lacordaire, et il
avait vécu avec lui à Sorèze, reçu ses conseils
et ses leçons. Or, les cheveux blancs n'avaient
pas effacé en lui ce grand et profond souvenir ; il en était comme tout pénétré, son
cœur en avait gardé l'impression. Parfois, il
en passait quelque chose dans sa voix et
dans l'âme de ses élèves aussi, où il vivra
toujours » (1).

Après ce maître de l'éloquence, nous ne
devons pas oublier ceux qui nous initiaient
aux arts : M. Louis LACURIA, notre professeur
de dessin (2), et M. GUILLOT, dont la voix
mélodieuse interprétant les chefs-d'œuvre que
ses leçons nous expliquaient, charmait nos

---

(1) *Souvenirs* de M. Emile *Vincent de Vaugelas,* ancien
élève d'Oullins, d'une rare distinction, mort à 21 ans.

(2) On a de lui, à l'Ecole, un portrait de M. Chaine et un
portrait du P. Captier. Ces deux peintures sont des œuvres
d'une touche délicate et gracieuse.

soirées profanes, et contribuait à l'émotion de nos fêtes sacrées.

N'a-t-il pas droit aussi à notre reconnaissance, notre excellent maître de gymnastique, le digne *M. Pellat*, qui développait nos *po-mons (sic)* par l'exercice de la danse pyrrhique accompagnée de ce couplet fameux et inoubliable :

> Dans les sables brûlants, dans les climats glacés,
> Partout se reproduit l'amour de la patrie.
> Dans les pays heureux sagement policés,
> Il doit être plus fort que l'amour de la vie :

auquel succédait le refrain :

> Courage, amis, courage,
> Gardons-nous de céder ;
> Quand on voit le rivage,
> On est près d'aborder.

Et pourquoi, poursuivant cette chaîne des services qui ont contribué à notre éducation, ne rappellerions-nous pas ici quelques-uns de ces humbles travailleurs, morts à la tâche sur le champ même qu'ils avaient trempé de leurs sueurs ?

Les élèves de la première époque se rappellent le vieux jardinier qui nous prédisait le lendemain le temps qu'il avait fait la veille, et dont les membres ankylosés par le rhumatisme avaient donné lieu au proverbe : droit comme la jambe du *père Joseph.*

*Hubert*, simple aide de cuisine, en dépit de ce nom chevaleresque, jouissait cependant à la fin de sa vie d'une redevance tout honorifique, mais qu'il prisait assurément au-dessus d'une rémunération plus solide. Le jour de sa fête, la fanfare de l'Ecole descendait dans son office et le gratifiait d'une aubade fort peu désintéressée. Confus et troublé par l'émotion, Hubert ne trouvait à répondre que ces mots suffisamment compréhensibles pour son auditoire : « Messieurs, *j'en ferai encore* », et le lendemain, notre ordinaire était augmenté d'un plat de quenelles, spécialité de l'artiste culinaire. Les générations plus récentes d'Oullins ont encore connu *M. Bert*, concierge et tailleur de l'Ecole, et ont sans doute appris de leurs devanciers la distinction célèbre entre la *culotte classique, coupée d'après les lois de la géométrie et de la trigonométrie du corps humain, et le pantalon à l'idéal !*

Nous arrêterons ici cette nomenclature funèbre, déjà bien longue hélas ! et que nous ne saurions prolonger davantage sans empiéter sur les marques de gratitude que nous voulons aussi donner aux survivants (1). Mais pour eux surtout, l'hommage particulier que nous adresserons aux plus connus et aux plus proches sera forcément très incomplet. Leur modestie s'offenserait d'une louange trop explicite ; et pour quelques-uns qu'il nous sera permis de citer, combien d'autres inconnus pour nous et dispersés, à qui nous ne pouvons adresser qu'un souvenir collectif, mais non moins profond et pénétré du sentiment de notre dette à leur égard.

Des premiers collaborateurs de M. Dauphin à la maison Flageolet et au Perron, deux seulement ont été conservés à nos respectueuses félicitations. *M. Gandy* quitta Oullins un peu

(1) Voici, telle que nous avons pu la relever d'après les registres de l'Ecole, la liste des autres maîtres décédés :

Docteur Bonnefoy. — Bouquier (mort à l'Ecole). — Cauvin. — Constant Clerc. — Alphée Clerc.— Houet (mort à l'Ecole.) — Julliard. — Le Voyer. — Magat. — Nicolas. — Pandrau (mort à l'Ecole). — Ricada. — Rolle (mort à l'Ecole). — Sibillat. — Serrus. — Troillet — Verdelet.

avant M. Lassalle. Ayant toujours gardé avec l'Ecole les meilleures relations, il n'y est revenu pourtant qu'à des intervalles éloignés, et s'occupe, croyons-nous, de publications périodiques.

*M. l'abbé Lacuria*, présent aussi à la fondation, âme d'artiste, candide et passablement rêveuse, insouciant au dernier point de ce qu'on appelle le positif des choses et qui menait au milieu du bruit et des mouvements du collège une vie quelque peu semblable à celle des premiers ermites du désert, s'occupait tout à la fois de mathématiques, de musique et de philosophie, en vrai disciple de Pythagore. Il s'aventurait volontiers, dans ses spéculations solitaires, hors des chemins battus, à la découverte des nouveaux horizons et usait largement de cette liberté d'oser qui est le droit commun des poètes. La tournure originale de son esprit et la bienveillance inaltérable de son caractère attiraient et groupaient naturellement autour de lui quelques jeunes gens d'un esprit plus ouvert. En diverses circonstances, il avait témoigné de l'intérêt au jeune Eugène Captier dont la physionomie intelligente l'avait frappé, et qui fut bientôt un des principaux membres de sa petite Académie. L'influence doctrinale des maîtres ne laissa pas il est vrai des bases profondes dans l'esprit du disciple; mais celui-ci n'en reçut pas moins en temps opportun une direction féconde et salutaire, une heureuse impulsion vers les idées élevées.

M. Lacuria, qui avait quitté Oullins bien avant l'arrivée des Dominicains (nous ne savons au juste en quelle année), retrouva plus tard à Paris son ancien élève, et devint l'hôte régulier et toujours bien venu de la colonie oullinoise d'Arcueil. Tous les quinze jours, son aimable présence égayait la soirée. Anciens élèves et jeunes maîtres s'empressaient à ses côtés pour écouter les révélations fatidiques, fruit de ses méditations solitaires, et des études curieuses auxquelles il doit l'intérêt et la prolongation de ses jours.

Après ces vétérans des premiers combats, nos compliments et souhaits d'heureuse vie s'en vont, par droit d'aînesse, à *M. l'abbé Caton*, — M. Caton, à qui toutes les générations d'Oullins ont payé l'impôt de *25 lignes*, rançon escomptée à l'avance de nos méfaits écoliers, — M. Caton, prédestiné par ce nom antique autant que par une austérité digne de son homonyme à être le premier censeur d'Oullins, luttant avec nous de ruses et de cachettes pour déjouer nos escapades, et ne nous tenant pas rigueur après leur découverte, pas plus que nous ne lui en gardions de la rancune, — M. Caton, dont un célèbre perroquet, nouveau Vert-Vert débauché par *d'affreux anarchistes*, faillit un instant compromettre la réputation de citoyen paisible et soumis aux lois existantes de son pays, — M. Caton qui, presque seul de son pays, — M. Caton qui, presque seul de son temps, représentera là, aux fêtes qui se préparent, le vieil Oullins !

Un autre de nos maîtres aimés, de cette époque, nous reste cependant que nous désirerions voir honorer cet anniversaire solennel, pour entendre encore une fois de sa bouche un écho des traditions et des enseignements de notre Ecole. Il s'agit, on l'a deviné, du cher et vénéré M. *Genthon*, que nous avons nommé déjà en racontant l'entrée du Père

Mermet à Oullins. C'est par lui en effet, qu'après le départ de M. Lassalle, le corps professoral diminué d'une façon inquiétante, se recruta le plus heureusement d'une vaillante cohorte d'anciens disciples de Lamennais ; dernier survivant de ce bataillon sacré qui, par sa science et son ardeur fut à ce moment le salut d'Oullins, et dont chaque membre a laissé la trace d'une action très personnelle (1). M. Genthon a été un des traits d'union entre l'ancien et le nouvel ordre de choses. Ardemment dévoué au Tiers-Ordre de Saint-Dominique dès le début, il n'a cessé, depuis sa retraite, de le combler des marques de son attachement et de sa générosité. Au pied des Pyrénées qu'il a choisies pour asile de son repos tardif, qu'il daigne, en ces jours, devant la toute-puissante Mère de Dieu, être le Moïse des jeunes bataillons qu'il a si souvent animés au combat !

Nous ne pourrions plus donner encore qu'une liste trop défectueuse de noms réunis au hasard des documents très imparfaits

(1) Avec le P. Mermet, MM. Cauvin, Le Voyer, Houet.

dont nous avons pu disposer. Plutôt que de
défigurer ainsi l'image gardée par chacun
de nous dans le sanctuaire de nos meilleures
réminiscences, nous préférons confesser notre
impuissance laissant à un plus heureux continuateur le soin de combler un jour cette *avant-
dernière lacune* (1).

Car le temps qui nous presse et la réflexion
survenue depuis le commencement de ce travail nous décident à le laisser inachevé sur
un autre point.

Nous aurions aimé à joindre au mémorial
de nos maîtres celui de nos condisciples anciens et nouveaux qui leur ont fait le plus
d'honneur en appliquant cette justification de
l'Evangile : *A fructibus eorum cognoscetis
eos.* Les mérites des disciples sont la couronne des maîtres. C'eût été pour nous, qui
touchons de si près aux uns et aux autres,
une douce satisfaction de tresser cette couronne, mêlée de fruits tombés dans leur maturité et d'espérances fauchées dans leur

(1) Expression restée célèbre à Oullins, depuis un toast
de M. l'abbé Passot, à la saint-Thomas de 1856 ou 1857.

fleur, de rappeler ces vies généreusement sacrifiées pour Dieu et pour la Patrie, ou consacrées utilement aux œuvres sociales et chrétiennes. Nous y renonçons avec peine, mais avec l'espoir de reprendre un jour ce projet ou de le voir exécuté par un plus habile et plus heureux chroniqueur que nous (1).

(1) Il nous est impossible, pourtant, de ne pas faire mention dans ce travail de quelques-uns de nos camarades qui se sont déjà créé une célébrité littéraire, artistique ou scientifique : MM. C. *Jordan* et L. *Ranvier*, membres de l'Institut; M. Ch. *de Ribbe*, auteur d'ouvrages très estimables de propagande sociale et chrétienne; M. Em. *Charvériat*, l'historien de la *Guerre de Trente ans* que l'Académie française a honoré d'un grand prix. Nommons encore M. E. M. *de Vogüé*, dont les *Etudes sur la Russie* ont été très remarquées; M. A. *Giron*, le sympathique journaliste-romancier; M. A. de *Gravillon*, dont le salon reçoit chaque année des sculptures admirées; M. P. *Borel*, le peintre de l'église d'Ars et de la chapelle de notre école; etc...

Oullins, dans la pensée de ses fondateurs, n'a jamais eu pour but la préparation directe au Sacerdoce. Néanmoins toutes ses générations se sont fait un honneur de lui donner leurs prémices. M. l'abbé de Bérage, mort chanoine d'Aix, fut longtemps le doyen des prêtres sortis de notre école. Aujourd'hui, avec le P. Mouton, nous nommerons M. l'abbé A. Captier (frère du martyr), procureur de la Compagnie de Saint-Sulpice, à Rome. Dans les promotions plus récentes on compte une dizaine de prêtres employés dans l'enseignement et plusieurs autres occupés au ministère des paroisses et de la prédication ou dans les missions.

L'absence de ce complément n'empêchera pas d'entendre ce concert harmonieux des intelligences et des cœurs qui est la *voix d'Oullins*, proclamant l'œuvre accomplie par la Providence dans cette Ecole avec le concours des hommes de bonne volonté.

Qu'elle parle longtemps, cette voix consolante des générations élevées chrétiennement, qu'elle parle toujours et toujours plus haut, portant à Dieu séul l'honneur et la gloire qui lui appartiennent, à ses serviteurs la reconnaissance qui leur est due ! qu'elle soit la récompense d'un passé bien rempli, et l'encouragement des temps futurs !

# APPENDICES

# I

# ÉTUDIANTS D'HONNEUR

---

## † M. VICTOR DE LAPRADE
### De l'Académie française

MM.

LONGIN, Emile. . . . . . . . . . . . 1865
† PARIS, Edouard. . . . . . . . . . . 1866
GLATARD, Henri. . . . . . . . . . 1867
DERIEUX, Pierre. . . . . . . . . . . 1867
AUCAIGNE SAINTE-CROIX, Paul. . . . 1868
PROVANSAL, Sébastien. . . . . . . . 1868
VIÉNOT, François. . . . . . . . . . 1869
MICHEL, Marcel. . . . . . . . . . . 1870
PRUNIER, Léon. . . . . . . . . . . 1872
GUILLAND, Michel. . . . . . . . . . 1872
JULLIEN, Georges. . . . . . . . . . 1872
CASTELLAN, Dominique. . . . . . . 1873
DE LA PERRIÈRE, Paul. . . . . . . 1873
MAUREL, Anatole. . . . . . . . . . 1873
RONDEL, Auguste. . . . . . . . . . 1874
EYMARD-DUVERNAY, Joseph. . . . . 1874
BALLEIDIER, Camille. . . . . . . . 1875
MOLLARD, Henri. . . . . . . . . . 1875
CABAUD, Charles. . . . . . . . . . 1875
FARGE, Paul. . . . . . . . . . . . 1876
MAIRET, Pierre. . . . . . . . . . . 1877
MAUREL, Auguste. . . . . . . . . . 1877
MAUREL, Jules. . . . . . . . . . . 1877
AVRIL, Raymond. . . . . . . . . . 1878
† CASTELLAN, Henri. . . . . . . . . 1878
PUVIS DE CHAVANNES, Camille. . . . 1879
DUCHAMP, Emile. . . . . . . . . . 1879

DE MOUGINS-ROQUEFORT, G. . . . . . 1879
RONDOT, Albert. . . . . . . . . . 1879
JACQUEMONT, Henri. . . . . . . . 1880
BORY, Paul. . . . . . . . . . . . 1882
JACQUETON, Gilbert. . . . . . . . 1883
CROZIER, Henri. . . . . . . . . . 1883
BIZOT, Jacques.. . . . . . . . . . 1884
BIZOT, Edouard. . . . . . . . . . 1885
VINDRY, Fleury. . . . . . . . . . 1885
ALAMAGNY, Emile. . . . . . . . . 1885

## II

# MORTS POUR LA FOI

Le T. R. P. Raphaël CAPTIER, le R. P. C. DELHORME, le R. P. COTRAULT, fusillés à Paris, pendant la Commune de 1871, en haine de la Religion avec les autres martyrs d'Arcueil.

M. Laurent TRÉVOUX, missionnaire, martyrisé dans les Indes, en 1868.

———

# MORTS POUR LA PATRIE

— 1870-1871 —

MM.

BAUDRAND, Francisque.

BLAIN, Félix.

DE BOISSET, Hippolyte.

CROZET de LAFAY, Georges

DOL, Eugène.

MATHEVON, Louis.

MATISSE, Émile.

MISTRAL-BERNARD, Isidore.

MONIOT, Arthur.

PARIS, Edouard.

ROZAN, Adrien.

SEREN, Philippe.

VITTON, Eugène.

DE VOGUÉ, Henri.

Ces noms ont été gravés par les soins de l'*Association amicale*, sur deux plaques de marbre noir, installées dans le grand vestibule de l'Ecole.

# III

# DESCRIPTION



**DE LA CHAPELLE DE L'ÉCOLE SAINT-THOMAS D'AQUIN**

*(Décorations et peintures)*

---

## CHŒUR

CIBORIUM. — Sur la face principale, la Statue de l'EnfantJésus docteur.

Sur la plate-bande qui accompagne l'arc de la voûte au-dessus du Ciborium, NEUF CHÉRUBINS.

Au-dessus, à l'arc d'intersection, trois médaillons renfermant : celui du milieu, la Croix voilée par le linceul. *(Texte :* Et ego si exaltatus fuero a terrâ, omnia traham ad meipsum. — Joann. XII, 32. = Et quand j'aurai été élevé de la terre, j'attirerai tout à moi);

Celui de gauche, l'image du Cénacle. *(Texte :* Ille vos docebit omnia, et suggeret vobis omnia quæcumque dixero vobis. — Joann. XIV, 26. = Il (l'Esprit-Saint) vous enseignera toutes choses et vous rappellera tout ce que je vous ai dit);

Celui de droite, le Calice surmonté de l'Hostie. *(Texte :* Dominus illuminatio mea, et salus mea, quem timebo? — Ps. XXVI, v. 1. = Le Seigneur est ma lumière et mon salut. Qui pourrais-je craindre?)

Au-dessus de la porte de la Sacristie, une figure nimbée, tenant un vase où brûle de l'encens, et représentant LA·PRIÈRE.

En face, une autre figure nimbée tenant une lampe, avec une ancre à ses pieds, et représentant LA VERTU D'ESPÉRANCE.

Au-dessous, une inscription commémorative pour tous les défunts de l'Ecole, Fondateurs, Religieux, Maîtres, Elèves, Serviteurs, etc., et dont voici le texte :

†

Memores. estote. in. sacrificiis. vestris . eorum . omnium . qui. fuerunt . Fundatores . Benefactores. Alumni . Famuli . hujus. collegii. Ullinensis. quorum. alii. adhuc. viventes. Deo. et. Patriæ. deserviunt. alii sepulti. sunt. in. pace. alii . coram . hoste . ceciderunt . alii. vero . carceres . et. ludibria. experti. sanguine. gloriose. effuso. in . odium. Catholicæ. religionis . nomen . Dei. et. hujus. scholæ. sanctificaverunt.

In te, Domine, sperantes, non confundentur in æternum.

MDCCCLXXVII

†

Souvenez-vous, au St-Sacrifice, de tous ceux qui ont été les Fondateurs, les Bienfaiteurs, les Elèves ou les Serviteurs de ce Collège d'Oullins, ou qui lui ont consacré leur vie. Ceux d'entr'eux qui vivent encore, travaillent pour Dieu et la Patrie ; quelques-uns sont morts en paix; d'autres sont tombés devant l'ennemi. D'autres enfin, après avoir subi la captivité et enduré les outrages, ont eu l'honneur d'être massacrés en haine de la religion catholique. Leur mort a été pour Dieu un généreux témoignage, et pour cette Ecole une bénédiction.

Ceux qui espèrent en vous, Seigneur, verront un jour la fin de leurs épreuves.

MDCCCLXXVII

Cette partie de la Chapelle recouvre le *caveau* où sont déposés les restes des Religieux et Maîtres que Dieu a rappelés à Lui (1).

# CHAPELLE

## DE LA SAINTE VIERGE OU DU ROSAIRE

Dans le rétable au-dessus de l'autel, la Statue de la Vierge mère.

Sujet principal : l'INSTITUTION DU ROSAIRE remis par la Vierge à saint Dominique. Derrière le Saint, l'archange saint Michel, armé, tenant l'étendard de l'Ordre de saint-Dominique.

A droite, le Pape SAINT PIE V tenant le rosaire ; à gauche, SAINTE CATHERINE DE SIENNE tenant également le rosaire dans ses mains.

En haut de la paroi faisant face à l'autel, SAINTE MARIE MADELEINE protectrice de l'ordre de saint-Dominique, assise dans les rochers, et pressant la croix dans ses bras.

Au-dessus de la fenêtre, DEUX ANGES armés de

______

(1) Le caveau contient déjà les restes mortels des PP. Lécuyer, Mermet, Baudrand ; du P. Albert Dechez le prêtre, mort à Arcueil en 1875 ; du P. Pierrez, du Grand-Ordre de Saint-Dominique, mort à Oullins en 1873 ; et du Frère convers Julien Pape, mort en 1876.

boucliers et croisant le fer, allusion au rosaire, arme et défense de l'Eglise.

A la voûte, l'image d'un sanctuaire, où brûle une lampe. *(Texte :* Beatus homo qui audit me, et qui vigilat ad fores meas quotidie, et observat ad postes ostii mei. — Prov. viii, 34. ..... Accipiet armaturam zelus illius, et armabit creaturam ad ultionem inimicorum. — Sap. v, 18. = Bienheureux l'homme qui m'écoute et qui veille tous les jours à l'entrée de ma demeure, et se tient en observation auprès de ma porte. ..... Dans l'excès de son zèle, il prendra son armure, et il armera la créature pour se venger de ses ennemis).

# CHAPELLE

## DE SAINT DOMINIQUE

Dans le rétable au-dessus de l'autel, la statue de saint Dominique.

Sujet principal : LE MIRACLE DES SAINTES ESPÈCES. Saint Thomas d'Aquin dépose sur l'autel le manuscrit de son traité des Espèces Sacramentelles. Le crucifix s'abaisse et se pose sur le manuscrit ; saint Thomas d'Aquin entend ces paroles : *Bene scripsisti de me, Thoma :* Thomas, ce que vous avez écrit sur moi est la vérité même. Plusieurs *religieux assistent à ce miracle.* A gauche, SAINT VINCENT FERRIER ; il tient une tête de mort, et est représenté avec ses attributs traditionnels, les ailes et la trompette, comme prédicateur des fins dernières et du jugement dernier.

A droite, SAINT HYACINTHE DE POLOGNE emportant les vases sacrés et la statue de la sainte Vierge, et traversant le Dnieper en marchant sur les eaux, pour fuir l'invasion des Tartares.

En haut de la paroi faisant face à l'autel, ELIE AU DÉSERT, réveillé par l'ange; à la voûte, les emblèmes de l'Eucharistie : le pain, le vin et les poissons, l'Agneau de Dieu, les cerfs se désaltérant. Dans l'ornementation, le texte suivant : Et tetigit eum (angelus Domini), dixitque illi : Surge, comede : grandis enim tibi restat via. .... Et ambulavit (Elias) in fortitudine cibi illius, xL diebus et xL noctibus, usque ad montem Dei Horeb. — III Reg. xix 7-8. = Et l'ange du Seigneur le toucha et lui dit : Lève-toi et mange : car il te reste encore un long chemin à parcourir. ..... Et il marcha, fortifié par cette nourriture, quarante jours et quarante nuits, jusqu'à Horeb la montagne de Dieu.

Au-dessus de la fenêtre, DEUX ANGES lisant le texte suivant relatif à l'Eucharistie : Memoriam fecit mirabilium suorum, misericors et miserator Dominus : escam dedit timentibus se. — Ps. cx. 4-5. = Il a conservé la mémoire de ses merveilles, le Seigneur doux et compatissant. Il a donné une nourriture à ceux qui le craignent.

Au-dessus de la petite porte, SAINT PIERRE DE VÉRONE tenant le crucifix et faisant le signe de la croix; saint Pierre de Vérone, qu'on appelle aussi saint Pierre martyr, tomba sous les coups d'assasins hérétiques et mourut en écrivant à terre, avec le doigt, les premiers mots du *Credo*.

En face, SAINTE CATHERINE D'ALEXANDRIE, martyre, protectrice de l'ordre de Saint-Dominique; à ses pieds les fragments de la roue armée de crocs de fer, instrument de son supplice.

Au-dessous, SAINT THOMAS D'AQUIN LISANT A

saint Bonaventure l'office du Saint-Sacrement.
La tradition raconte que les deux saints furent
chargés par le Pape de composer cet office, et que
saint Bonaventure n'hésita pas à reconnaître la
supériorité du travail de saint Thomas.

## NEF

A la voûte, à l'arc d'intersection, trois médaillons; celui du milieu représentant le serpent d'airain. *(Texte :* Sicut Moyses exaltavit serpentem in deserto; ita exaltari oportet Filium hominis. — Joann. iii, 14. — Et comme Moïse a élevé le serpent dans le désert, il faut de même que le Fils de l'Homme soit élevé) ;

Celui de gauche représentant une cuve baptismale, avec le texte : Nisi quis renatus fuerit ex aquâ, et Spiritu sancto, non potest introire in regnum Dei. — Joann. iii, 5. — Si quelqu'un ne renaît de l'eau et de l'Esprit-Saint, il ne peut entrer dans le royaume de Dieu;

Celui de droite représentant un globe terrestre entouré de nuages et surmonté d'une étoile avec le texte : Et dilexerunt homines magis tenebras, quam lucem. — Joann. iii, 19. — Et les hommes ont mieux aimé les ténèbres que la lumière.

*Côté droit.* — Au-dessus des fenêtres, dans des médaillons, les anges gardiens associés au pèlerinage de la vie, et tenant à la main le bâton de pèlerin. Peintures de la frise : quatre sujets tirés de l'Evangile des disciples d'Emmaüs :

1° La Conversation de Jésus avec les deux Disciples.

2º L'arrivée a l'hôtellerie.

3º La cène d'Emmaüs.

4º La disparition du Christ.

5º Sujet tiré de l'Ancien Testament : Moïse faisant sortir l'eau du rocher, image prophétique du Christ.

Toute la décoration de ce côté de la chapelle est ainsi consacrée à l'Eucharistie, nourriture et soutien de l'homme pendant le pèlerinage de la vie.

(*Texte* dans la plate-bande au-dessus des peintures : Mane nobiscum, quoniam advesperacit, et inclinata est jam dies. Et intravit cum illis. Et factum est, dum recumberet cum eis, accepit panem, et benedixit, ac fregit, et porrigebat illis. Et aperti sunt oculi eorum. — Luc xxiv, 29, 30, 31. — Demeurez avec nous, car il se fait tard et déjà le jour est sur son déclin. Et il entra avec eux. Or, il arriva, pendant qu'il était à table avec eux, qu'il prit du pain, le bénit, le rompit, et il le leur présentait. Alors leurs yeux s'ouvrirent.)

*Côté gauche.* — Au-dessus des fenêtres, faisant face aux anges pèlerins, cinq anges gardiens. Peintures de la frise : les guérisons évangéliques.

1º La guérison des aveugles de Jéricho.

2º La résurrection du fils de la veuve de Naïm.

3º La guérison du possédé.

4º La guérison du lépreux.

5º Sujet tiré de l'Ancien Testament : le jeune Tobie guérissant son père, image prophétique du Christ guérissant les infirmités de l'âme et du corps.

Toute la décoration de ce côté de la chapelle a trait aux péripéties de la vie, où l'âme dans sa

lutte contre le mal.a pour auxiliaires la prière, la
dévotion à la sainte Vierge, le secours divin et les
anges protecteurs (1).

(*Texte* dans la plate-bande qui surmonte les peintures : Ego in eis,
et tu in me : ut sint consummati in unum : et cognoscat mundus quia
tu me misisti, et dilexisti eos, sicut et me dilexisti. Pater, quos dedisti
mihi, volo ut ubi sum ego, et illi sint mecum : ut videant claritatem
meam, quam dedisti mihi. — Joann. xvii, 23, 24. ⸗ Je suis en eux et
vous en moi, afin qu'ils soient consommés dans l'unité et que le
monde connaisse que c'est vous qui m'avez envoyé, et que vous les
avez aimés comme vous m'avez aimé. Mon Père, je veux que là où je
suis, ceux que vous m'avez donnés soient aussi avec moi, afin qu'ils
voient la gloire que vous m'avez donnée.)

(1) Cette chapelle, une des œuvres les plus originales et
les plus complètes de la région, est la réalisation d'une
belle idée chrétienne par le talent réuni d'artistes, tous
lyonnais. L'architecture, du style composite dont N.-D. de
Fourvière est le plus éclatant modèle, est, comme cette
Basilique, l'œuvre de *M Baussant.*

Les peintures à fresque du chœur et les toiles de la nef,
ainsi que les chérubins qui dominent le Ciborium, et les
anges des médaillons qui surmontent les vitraux, sont
l'œuvre de *M. P. Borel,* ancien élève de l'Ecole, le peintre
bien connu de l'église d'Ars.

La décoration générale et le tapis sont exécutés d'après
les dessins de *M. Razuret,* et les statues sont dues au ciseau
de *M. Millet.*

IV

# LETTRE

DE

# M. FRANÇOIS VIÉNOT

SUR LE R. P. MERMET

---

Vous me demandez si je possède une photo-
graphie du P. Mermet vivant, je crois qu'il n'en
existe pas. Celle qu'on a faite de lui mort est fort
ressemblante, mais elle ne rend pas l'expression
à la fois si fine et si bonne de ses yeux gris-bleu,
et ne permet pas de juger du caractère d'originalité si bien marqué, dans toute sa personne physique, comme d'ailleurs dans son esprit. Je le
vois toujours avec sa robe blanche, trop courte,
les deux pouces passés dans sa ceinture, ouvrant

avec fracas la porte de l'étude pour m'appeler mystérieusement à faire un tour au verger, et me renvoyant ensuite à mon travail, non sans m'avoir gratifié d'un bon baiser presque maternel. Il a été six ans mon directeur, et ce rôle, il ne le remplissait pas seulement au confessionnal. Quand il venait, pendant les récréations, se promener sur les terrasses, ou lorsqu'il conduisait ses privilégiés en *maraude* dans les carrés de fraisiers et même sur les cerisiers d'un voisin complaisant, il nous saluait d'un « *François, êtes-vous sage?* » et nous lançait un regard si profond et si scrutateur, qu'on l'aurait fui, si l'on eût eu sur la conscience autre chose que des peccadilles d'écolier.

Il n'était pas le premier venu, ce séminariste dauphinois, tour à tour disciple de Lamennais aux jours de son éclatante renommée, collaborateur de l'abbé Dauphin dans sa fondation du collège d'Oullins, et enfin première recrue du P. Lacordaire quand celui-ci eut la généreuse pensée de rattacher à l'Ordre de Saint-Dominique une branche spécialement vouée à l'enseignement chrétien. Sous la soutane du prêtre ou la robe blanche du religieux, il devait dépenser près de cinquante ans de sa vie à se faire l'éducateur de la jeunesse, et certes, en voyant passer sous ses yeux les fils de ceux qui avaient été ses premiers élèves, il pouvait dire comme son illustre maître ; « Mes enfants, si ma vie s'est usée, c'est à votre service ! » Ceux qui ont été les Frères de l'abbé Mermet et les témoins de son long dévouement, nous donneront un jour, je l'espère, son histoire ; ma prétention, en écrivant ces lignes, est plus humble ; je ne veux, en faisant revivre quelques traits de cette sympathique figure, qu'essayer d'acquitter un peu la dette de reconnaissance qui m'est commune avec tous mes condisciples d'Oullins, vieux ou jeunes.

— « Si vous saviez combien cet homme était courageux, dévoué, patient, vous comprendriez que je me demande parfois : « Voyons, le pleurer, « n'est-ce pas un contre-sens ? A mesure que la « grande Famille chrétienne se multiplie sur la « terre, ne faut-il pas la laisser se multiplier de « l'autre côté, dans la lumière et la paix du Bon « Dieu ? » On ne pleure pas ceux que Dieu a retirés de la mêlée où nous sommes, pour leur donner la récompense promise aux bons et fidèles serviteurs. Prêtre, il avait à soixante-dix ans la ferveur d'un jeune lévite ; éducateur, il comprenait la grandeur de sa mission et me l'exprimait un jour dans ce langage simple et imagé qui lui était familier : « Je connais un jardinier, disait-il, « qui s'est dévoué depuis vingt ans à cultiver dans « un coin de terre, pour en léguer la semence « à la future génération, une certaine pomme de « terre de qualité supérieure, que la maladie me- « naçait d'abolir : voilà un homme ! Eh bien, no-

« tre métier, à nous, est de léguer, de conserver
« pour l'avenir dela graine d'homme, et de la
« bonne. » — Ce qu'il était en amitié, comment
pourrais-je le dire? J'aime mieux ici encore lui laisser la parole. Voici en quels termes il m'annonçait,
en 1872, la mort d'un de ses élèves, assis en même
temps que moi sur les bancs de l'école, il s'y
révèle tout entier : « Pour moi, L... était marqué ;
« charmant jeune homme, une des âmes les plus
« virginales que j'aie rencontrées, aimante comme
« les plus passionnées, sans avoir eu jamais le
« moindre compte à régler avec les instincts mau-
« vais. Moi, qui le connaissais de près et de pro-
« fond, je me demandais si ce n'était pas ainsi que
« nous eussions passé nos vingt et quelques pre-
« mières années, enfants d'Adam et d'Eve, sans
« cette malheureuse faute dont nous traînons le
« poids. Il a tout de même subi la loi commune, la
« souffrance, la mort ; mais voilà précisément ce
« qui explique le trésor commun, où Dieu va pui-
« ser pour être indulgent avec ceux qui ne sont que
« les ouvriers de la onzième heure... »

Tous ceux qui ont approché le P. Mermet con-
naissent les trésors de bonté que renfermait son
âme, je pourrais citer mille traits charmants de
ces attentions vraiment maternelles par lesquelles
il savait gagner tous les cœurs ; et cette bonté,
il ne la réservait pas seulement à ses enfants, il la
prodiguait aux plus humbles employés de la mai-

son. Aux dernières vacances de Pâques, vieux et brisé, il était venu se reposer près de moi d'un laborieux hiver. Malgré tous mes efforts pour le retenir, il me quittait avant le jour fixé pour la rentrée, voulant aller bénir le mariage du menuisier du collège.

Comme beaucoup d'esprits distingués, l'abbé Mermet jugeait que la première réforme à accomplir dans l'éducation, serait de faire la part la plus large aux exercices corporels. Pour lui, le soir venu, après s'être dépensé tout le jour à faire entrer dans des cerveaux souvent rétifs les principes de la géométrie ou des sciences physiques, il consacrait quelques heures à fatiguer son corps. Il s'installait alors à son *tour*. Mais, là encore, il pensait à ses amis, et c'est à eux qu'il adressait le plus souvent le fruit de son travail. Il y a quelques années il m'envoyait un petit ouvrage de ses mains, bien précieux aujourd'hui ; voici les lignes charmantes qui l'accompagnaient : « Quand je « serai parti pour le grand voyage, rien qu'en « voyant le moindre ouvrage de mon atelier, vous « lèverez les yeux en disant : Mon Dieu, abrégez « son épreuve et ses souffrances ! Et je saurai alors « à quoi bon ma *gouge* et mon *ciseau*. » Oui, cher bon Père, vos enfants penseront à vous ! ils y penseront surtout pour vous demander de leur continuer là-haut l'amitié et l'assistance qui étaient ici-bas le but de votre vie.

Cette pensée de la mort occupait depuis long-temps l'esprit du P. Mermet ; comme toutes les âmes que Dieu a définitivement conquises, il avait soif de la vie future. Ce sentiment chez lui était doublé du désir ardent de voir résolus dans la science infinie, les problèmes dont notre science bornée n'offrait à ses recherches qu'un semblant de solution ; mais avec ce désir il avait la confiance et la résignation d'un chrétien, toujours en commerce avec Dieu et qui sait mettre en pratique cette belle parole que je retrouve dans une de ses lettres : « La grande prière, c'est la vie complète de l'homme qui croit en Dieu et s'efforce chaque jour de le lui prouver. » Il m'écrivait encore, il n'y a pas bien longtemps : « Quand un dénicheur d'oiseaux tient, dans sa main gamine, trois ou quatre fauvettes non encore envolées, comme le pouls doit battre fort à ces petites bêtes ! C'est qu'elles ne savent pas dire : *fiat voluntas tua* ! Par-dessus les murs de ce nid d'Oullins, où j'ai vécu quarante ans et plus, je vois les Alpes, et par-dessus les Alpes, de beaux nuages dont la crête m'annonce que le soleil a fini sa journée. Eux ne savent pas plus que moi où je finirai la mienne ; mais, pas plus qu'eux je n'en ai souci, pourvu que le Bon Dieu soit là ! » On peut voir, par cette page gracieuse, que les sciences abstraites n'avaient pas éteint chez le vieux professeur le sens et le goût littéraire.

Longtemps, le P. Mermet avait joui d'une vigoureuse vieillesse, les tristes événements de 1870 l'avaient fortement ébranlé, il s'était relevé. Mais un jour vint, où, pour continuer son rôle d'éducateur chrétien, il lui fallut quitter cette robe blanche qu'il avait portée pendant vingt-huit ans avec amour, ce sacrifice était au-dessus de ses forces. Il était atteint, ses amis ne s'y trompèrent pas. Tous ceux qui ont eu l'honneur de porter la robe du magistrat ou l'uniforme du soldat et que les événements ont forcés à briser leur carrière pour rester fidèles à leurs convictions comprendront ce déchirement, l'abbé Mermet n'est pas le seul qui en ait souffert jusqu'à en mourir.

Il y a bientôt vingt ans, en un jour d'épreuve, l'abbé Mermet me disait : « En grandissant, vous comprendrez mieux que la vie se compose de choses qu'il faut quitter. » Sous le coup des chagrins et des souffrances, douloureux patrimoine que l'humanité n'épuisera jamais, j'ai vu la réalisation de la parole jetée naguère dans mon âme d'enfant. J'ai compris la loi rigoureuse, qui fait de nous les hôtes passagers de cette terre, mais malgré tout, mon cœur n'a jamais pu accepter sans être brisé ces séparations que l'espérance chrétienne illumine pourtant de ses radieuses certitudes !　　François Viénot,

ancien élève d'Oullins.

# V

# LA BÉNÉDICTION DU DRAPEAU



DE L'ECOLE SAINT-THOMAS D'AQUIN

(Jour de Noël 1879)

L'avenir sera ce que la jeunesse voudra. Cette pensée s'imposait à notre esprit pendant la fête à laquelle nous avons eu le bonheur d'assister, le jour de Noël, au collège d'Oullins, dirigé par les RR. PP Dominicains. Il s'agissait de la bénédiction d'un nouveau drapeau.

A cette cérémonie, d'un caractère tout intime, étaient accourus plusieurs anciens élèves, fidèles au rendez-vous de la messe de minuit, et heureux de témoigner en cette circonstance des sentiments de cordiale affection et de franche camaraderie qui ont toujours distingué les Oullinois et forment ce qu'ils appellent, non sans fierté, l'esprit de l'Ecole, *le genre d'Oullins.*

Sans doute, les plus récemment sortis de la maison, jeunes négociants, étudiants, engagés conditionnels, étaient de beaucoup les plus nombreux, car les devoirs de la famille ou les nécessités de la position ne pèsent pas encore sur eux. Cependant on y voyait aussi quelques élèves du P. Captier, pleins d'une tendre vénération pour la mémoire d'un maître dont ne parlent jamais qu'avec une religieuse émotion et un respect filial ceux qui l'ont connu. Il y avait même des représentants du vieil Oullins qui ont eu la gloire d'assister aux débuts de l'Ecole, sous Mgr Dauphin, alors que la France s'essayait à l'enseignement libre, si menacé aujourd'hui.

Tout le monde étant réuni à la Salle des Fêtes, la cérémonie commença. Pendant que la fanfare exécute une marche brillante, les portes du fond s'ouvrent et le drapeau paraît. Tous les assistants debout saluent son entrée de leurs acclamations. Les sergents et les caporaux des différentes divisions escortent la nouvelle bannière à laquelle un piquet d'honneur présente les armes. Le drapeau d'Oullins est bleu et blanc, écartelé de la croix dominicaine. Sur cette croix mi-partie blanche et noire, des mains habiles et pieuses ont brodé avec un soin infini et un zèle au-dessus de tout éloge, d'un côté, l'écusson de Saint-Dominique, avec la devise *Veritas*, de l'autre le soleil, emblème de la science lumineuse et féconde du Docteur Angélique, le patron de l'Ecole.

Lorsque le Porte-drapeau (1) fut arrivé au pied de l'estrade, le Sergent-major (2) prit la parole, et au nom de ses condisciples, présenta le drapeau au T. R. P. Jourdan, prieur de l'Ecole : « Mon Très Révérend Père, dit-il, il y avait l'an dernier, 25 ans que le Tiers-Ordre enseignant, fondé à Oullins même par le P. Lacordaire, d'illustre mémoire, prenait la direction de cette maison, et que, par une coïncidence providentielle, les couleurs de l'Ordre de Saint-Dominique se mariaient aux couleurs de l'Ecole qui portait déjà le nom de Saint-Thomas d'Aquin.

« Fiers de leur drapeau, et désireux de vous prouver à quel point ils lui sont attachés, les élèves de l'année scolaire 1878-1879, ont voulu faire reproduire leur étendard avec une magnificence qui égalât la vivacité de leurs sentiments.

« C'est ce nouveau drapeau que je suis heureux de vous offrir en leur nom, mon Très Révérend Père.

« Veuillez l'accepter et le consacrer par les bé-

(1) M. J. Gros, élève de philosophie.
(2) M. H. Jacquemont, bachelier ès lettres, élève du cours de Sciences.

nédictions de l'Eglise. Il est un témoignage de notre attachement à notre chère Ecole et de notre reconnaissance pour l'éducation que nous y recevons ; il demeurera un gage de notre fidélité aux saintes causes si persécutées de l'Eglise et de l'Enseignement.

« Mais je me tais.

« Un poète, un chrétien, dont la muse habite les hauteurs et se plaît à réveiller dans les cœurs tous les sentiments généreux et dignes de passionner une âme libre et fière, a bien voulu suppléer à notre inexpérience et nous écrire ce qu'il voit dans les plis de notre drapeau.

« Voici, mon T. R. Père, ces vers que M. de Laprade vous prie d'agréer :

## POUR LE DRAPEAU

### DE L'ÉCOLE SAINT-THOMAS D'AQUIN

*Veritas.*

En plein soleil, toujours, portant notre bannière
Et d'un amour profond cherchant la vérité,
Nous trouvons en Dieu seul la force et la lumière...
Mais le monde nous doit, au moins, la liberté !

La science et les arts parent nos solitudes ;
Nous en avons, jadis, allumé le flambeau.
Le bien, premier objet de nos saintes études,
Nous conduit, à coup sûr, dans le chemin du beau.

Nous enseignons ici, malgré tout, l'espérance ;
Notre foi la commande, indomptable soutien !
On verra bien, un jour, si nous aimons la France,
Et ce qu'on fait pour elle en demeurant chrétien !

Nous avons même cœur, les écoliers, les maîtres...
Et de nos rangs serrés on ne peut plus sortir,
Quand on marche au combat avec de tels ancêtres,
L'apôtre Lacordaire et Captier le martyr !

Nous les imiterons, sans être de leur taille !
Voici les jours mauvais, Dieu le veut, il le faut.
Vous le savez, la terre est un champ de bataille :
Ici-bas le travail, la couronne est plus haut.

Aux devoirs, aux dangers notre âme est aguerrie.
Elevons ce drapeau sans reproche et sans peur ;
Il sera, dans nos mains, pour Dieu, pour la patrie,
A la peine souvent... et toujours à l'honneur.

V. DE LAPRADE.

Pendant la lecture de cés vers tout vibrants d'enthousiasme, l'émotion gagnait peu à peu les âmes, et plus d'un témoin de cette scène attendrissante ne put retenir ses larmes, en entendant ces belles strophes qui parlent de patrie, d'idéal, de liberté, d'espérance, de lutte et de couronne.

Le R. P. Prieur y répondit par une allocution pleine d'élévation et de chaleur que nous voudrions reproduire en entier :

« Au nom de vos maîtres, des anciens élèves et au mien, j'accepte le drapeau que vous m'offrez.

« Toutefois, laissez-moi vous le dire, j'ai un scrupule à le faire, et ce scrupule, vos anciens le comprendront. Un vieux drapeau est un vieil ami, et il en coûte de se séparer d'un vieil ami, surtout lorsqu'il a traversé avec nous les sombres, comme les heureux jours. Si ce drapeau pouvait parler, dire tout ce qu'il a vu, tout ce qu'il signifie, longue et touchante serait son histoire !

« Il signifie *liberté !* » Le R. P. Prieur rappelle alors les circonstances dans lesquelles a été fondée l'école d'Oullins. Les familles catholiques qui ont prêté leur concours à Mgr Dauphin et plus tard au Père Lacordaire, ont eu en vue de faire une œuvre de liberté. La plus sacrée de toutes, est la liberté du père de famille, celle de faire élever ses enfants suivant sa croyance et sa foi. Ici on venait demander l'éducation chrétienne que jusque-là les catholiques avaient été contraints par le malheur des temps d'aller chercher à l'étranger. Oullins a été un des premiers établissements libres de plein exercice. — Après cette courte histoire des circonstances dans lesquelles Oullins prit naissance et se développa, le R. P. Jourdan évoqua le souvenir des générations qui se sont groupées autour du drapeau de l'Ecole.

« Soyez-en fiers, dit-il, car beaucoup ont travaillé et prié à l'ombre de ce drapeau. Ils y ont appris le secret de devenir des hommes, et ils l'ont montré dans les diverses positions qu'ils ont occupées. On les a vus toujours fidèles au culte du devoir et de l'honneur. Quelques-uns même ont eu de ces vocations d'élite qui marquent l'âme d'un sceau particulier de grandeur : des soldats, des religieux, des prêtres, morts pour leur pays et « pour le bon Dieu. » Aussi, Messieurs, vous comprenez mon scrupule en voyant cette nouvelle bannière se substituer à l'ancienne. Mais, je vous l'ai dit, vos anciens, vos maîtres et moi, nous l'acceptons, parce que le mouvement qui vous a poussés à nous l'offrir, nous touche profondément par sa spontanéité et son élévation.

« Il nous a semblé que vous vouliez témoigner par là de votre attachement à votre Ecole, des liens intimes qui unissent les Oullinois du présent à ceux du passé. Et puis, — et c'est ce qui nous a décidés, — nous avons cru comprendre qu'en face des éventualités de l'avenir, vous aviez à cœur d'attester, quoi qu'il arrive, votre dévouement à la cause qu'elle représente. C'est comme un serment que vous prêtez et ce drapeau est le garant de vos *résolutions*.

« J'aime ce mot, ajouta-t-il ; c'est le son que rend une âme virile. Prenez donc des résolutions, prenez-en. Mais quelles seront-elles ? Noblesse oblige, a-t-on dit ; aussi la première résolution que vous devez prendre, c'est d'imiter vos devanciers par la vertu, le travail, le dévouement. On se sent plus fort lorsqu'on appartient à une glorieuse lignée. Il semblerait qu'on y puise la vie, comme l'arbre emprunte sa sève au sol dans lequel il plonge ses racines. Comme eux, vous travaillerez à fixer et à développer en vous les convictions catholiques ; vous serez dociles et disciplinés. Vous accepterez la contrainte, la correction, comme le moyen de réaliser l'idéal que toute âme jeune et noble peut concevoir.

« Vous aurez aussi le culte de l'honneur, un sentiment exquis de votre propre dignité, de celle de votre famille, de votre Drapeau, de votre Ecole. Ne soyez jamais de ceux qui le méprisent, même sous prétexte de piété. L'honneur chrétien, non-seulement s'accorde avec les autres sentiments, mais il les épure, les élève. Que ce sentiment se développe profond et délicat en présence de votre petit drapeau, à l'ombre duquel vous apprendrez à aimer l'autre, le grand Drapeau ! » — Et en disant ces mots, le Père désignait le drapeau de la France qui préside à toutes les fêtes oullinoises. — « Si jamais nous avons le devoir de nous serrer autour de lui, c'est à ce moment. Plus un fils voit sa mère souffrante, meurtrie et mutilée, plus il se sent pris pour elle de respect et d'amour.

« Tout cela, ajouta le Père, vous est enseigné par la religion, par vos maîtres, par vos anciens.

« Sachez aussi le demander aux maîtres de la pa-

rôle : celui qui vous envoie ces vers en est un.
Il fait partie de cette pléiade d'hommes magnifi-
quement doués que Dieu avait donnés à la France
dans les premières années de ce siècle.

« Notre génération les saluait avec enthousiasme, car il est des instants, — et les plus âgés
d'entre vous me comprendront, — où il vous
prend comme un dégoût, une impatience du terre
à terre, un désir de monter. On a dans l'âme des
aspirations que rien ne saurait satisfaire, qu'on
ne peut même définir, c'est alors que le poète
s'empare de l'âme et, d'un coup d'aile, l'emporte
vers des régions supérieures.

« Parmi ces hommes qui ont passionné vos
pères, la plupart sont morts ; d'autres, infidèles à
leur mission, ont ravalé leur inspiration. Ils sont
tombés dans la vague et béate adoration des forces
de la nature et de l'humanité. D'autres ont pros-
titué leur voix en flattant la multitude et ses ca-
prices brutaux. D'autres enfin se sont faits les
apologistes efféminés et impurs de la débauche
et du plaisir.

« Il en est un cependant qui est resté haut et
pur. Il a su respecter son génie, il a chanté Dieu,
Jésus-Christ, l'Eglise, l'âme, la vraie liberté, la
fidélité aux vieilles croyances, au serment, au
pays, à l'honneur. Et à mesure qu'il avance dans
la vie, on dirait que son génie prend quelque
chose de plus profond, de plus intime, de plus

éthéré, de plus chrétien, en un mot. C'est lui qui vous envoie ces vers pour la bénédiction de votre Drapeau.

« Comment l'en remercierons-nous ? — D'abord, — et ce sera sa plus douce récompense, — vous lui jurerez d'aimer et de propager toutes les grandes choses qu'il a célébrées. Il nous permettra peut-être d'ajouter une preuve immédiate, extérieure, de notre reconnaissance et de notre sympathie. C'est un hommage bien humble, mais les princes de la pensée, comme les princes de la terre, acceptent parfois les plus faibles témoignages de gratitude et savent leur donner du prix. »

Le Père redit alors cette histoire si connue et racontée par le P. Lacordaire, d'un vieux curé de campagne, soigné et guéri par Dupuytren et, qui, pour remercier l'illustre médecin, lui apporta un panier de figues cueillies dans son jardin.

« Envoyons aussi notre petit panier de figues. Je propose aux maîtres et aux élèves de nommer M. de Laprade ÉTUDIANT D'HONNEUR de l'Ecole Saint-Thomas d'Aquin. » Cette élection est faite avec enthousiasme, et le Père promet de prier M. de Laprade de vouloir bien accepter le diplôme d'étudiant d'honneur. « Maintenant, ajouta-t il, allons appeler les bénédictions de Dieu sur ce nouveau drapeau. »

On se rendit donc à la chapelle, fanfare en tête.

Toujours escorté des dignitaires de l'école, le drapeau pénétra dans le sanctuaire. Là, le T. R. P.
Prieur le bénit, puis le confiant aux mains du
porte-drapeau agenouillé devant lui : « *Accipe
vexillum*, lui dit-il par forme d'investiture, *cœlesti
benedictione sanctificatum, sitque inimicis populi
christiani terribile, et det tibi Dominus gratiam,
ut ad ipsius nomen et honorem cum illo hostium
cuneos potenter penetres incolumis et securus* (1). »

Pendant ce temps, le piquet d'honneur présentait les armes au nouvel étendard, et le chœur
chantait :

> Gardons-le bien, ce drapeau de l'honneur,
> Gardons-le bien, soyons-lui tous fidèles,
> Et sur nos fronts des palmes immortelles
> Viendront un jour couronner le vainqueur.
>> Gardons-le bien,
>> Gardons-le bien.

Durant la messe qui suivit, les deux bannières
de la France et de l'Ecole se rangèrent l'une à
droite l'autre à gauche de l'autel, et, au moment
de l'élévation, elles s'inclinèrent devant le Dieu

---

(1) « Recevez cet étendard sanctifié par la bénédiction céleste : qu'il soit redoutable aux ennemis du peuple chrétien, et que le Seigneur vous fasse la grâce de passer avec
lui victorieusement sain et sauf, à l'honneur de Dieu et de
son nom, au travers des rangs ennemis. » *(Paroles du
Rituel pour la remise d'un drapeau).*

qui inspire les généreuses résolutions et met au cœur la force de les accomplir. L'office terminé, le drapeau fut reconduit en grande pompe au salon du R. P. Prieur, où il fut placé entre les portraits du P. Lacordaire et du P. Captier. « Ils doivent être contents de vous là-haut, » dit le Père en congédiant les élèves, et il montrait du doigt tour à tour les deux portraits et les plaques de marbre où sont inscrits les noms des anciens morts pour la patrie.

Pour nous, à qui il a été donné de contempler ce spectacle émouvant, nous y avons puisé une force nouvelle et ravivé nos espérances dans le prochain triomphe de la justice et de la vérité. En face des réalités navrantes qui frappent nos regards et des menaces de l'heure présente, nous osons affirmer notre foi indéfectible à un avenir meilleur; car nous avons vu cette jeunesse emflammée d'un enthousiasme que n'aurait point désavoué l'héroïsme des âges primitifs. Non, n'en déplaise aux attristés, aux partisans obstinés d'un incurable pessimisme, l'heure de la mort n'a pas encore sonné pour notre malheureux pays.

Quand la génération qui vient tressaille aux nobles accents de Religion, de Patrie et de Liberté ; quand, au contact de la grande ombre de la France apparaissant frémissante dans les plis d'un drapeau, toute une jeunesse éclateen transports enthousiastes, on serait mal venu à lancer vers le ciel le mot désespéré : *Finis Galliœ.* Il y a encore, grâce à Dieu, une jeunesse française et catholique telle qu'aux heures d'angoisse on se prend à la rêver, accessible aux nobles et fiers sentiments, facile à entraîner, prête, au besoin, à s'immoler pour le triomphe des grandes et saintes causes. Aussi, c'est notre espoir le plus ferme, le jour n'est pas loin où, se levant dans sa force rajeunie et retrouvant sa vocation, la France des *Gestes de Dieu* reprendra dans le monde la place glorieuse qu'elle occupait autrefois. Ce jour sera aussi celui du triomphe de l'Eglise ; car, toujours, à travers les âges, les destinées de la France et celles de l'Eglise ont été étroitement unies.

Puisse donc la jeunesse tout entière de notre pays prendre conscience d'elle-même et se préparer par le travail et la pratique du devoir au grand œuvre de notre régénération !

# TABLE DES MATIÈRES

# CHAPITRE VI



## APPENDICES

Lyon. — Imp. Vitte et Perrussel, rue Sala, 68.